L'ŒUVRE

DE

FOGELBERG

PARIS — IMPRIMERIE DE J. CLAYE

7 RUE SAINT-BENOIT

L'ŒUVRE

DE

FOGELBERG

PUBLIÉ PAR

GASIMIR LECONTE

ET DÉDIÉ

A SA MAJESTÉ OSCAR Ier

ROI DE SUÈDE ET DE NORWÉGE

PARIS

CHEZ A. HAUSER, 11, BOULEVART DES ITALIENS

1856

A SA MAJESTÉ

OSCAR Ier

ROI DE SUÈDE ET DE NORWÉGE

Sire,

En daignant accepter la dédicace de l'œuvre de Fogelberg, VOTRE MAJESTÉ a donné à cette publication la plus grande valeur qu'elle pût acquérir.

Je n'attendais pas moins de votre sympathie si éclairée pour l'Art et pour l'illustre Artiste que la Suède regrette à si juste titre, et j'ose vous prier, SIRE, d'agréer l'expression de toute ma reconnaissance.

J'ai été trente ans l'ami de Fogelberg, et je serai toute ma vie l'admirateur passionné de son talent. Je savais que ce talent si élevé, si pur, si consciencieux, avait en FRANCE des appréciateurs dont l'opinion doit être comptée pour beaucoup; je savais que de nobles cœurs avaient voué à sa personne l'estime et l'attachement dont elle était si digne; je savais, enfin, que leur concours ne manquerait pas de donner à ma pieuse entreprise l'autorité qu'elle ne pouvait tenir d'un simple amateur. Ce concours, SIRE, ne m'a

pas fait défaut, ainsi que vous pourrez en juger ; il montre une
fois de plus que l'Art est une commune patrie pour tous ses
adeptes, à quelque nation qu'ils appartiennent, et que les antiques
liens qui unissent la Suède à la France se resserrent chaque jour
davantage.

Daignez agréer,

SIRE,

l'expression du profond respect, avec lequel j'ai l'honneur d'être,

DE VOTRE MAJESTÉ,

Le très-humble et très-dévoué serviteur,

Casimir LECONTE.

COMITÉ DE PATRONAGE

MM. ALLAUX, peintre d'histoire, membre de l'Institut (Académie des Beaux-Arts), ancien directeur de l'Académie
de France à Rome;

AMPÈRE, poëte, littérateur, philologue, membre de l'Institut (Académie Française, Académie des Inscriptions
et Belles-Lettres);

BERTIN (Édouard), paysagiste, directeur du *Journal des Débats;*

BONNEFOND, peintre d'histoire, membre correspondant de l'Institut (Académie des Beaux-Arts), directeur
de l'Académie des Beaux-Arts de Lyon;

BRASCASSAT, peintre d'animaux, membre de l'Institut (Académie des Beaux-Arts);

CORNU (Sébastien), peintre d'histoire;

CORNU (Mᵐᵉ), littérateur;

COURTÉPÉE, architecte;

DARDEL, architecte de la ville de Lyon;

DELAROCHE (Paul), peintre d'histoire, membre de l'Institut (Académie des Beaux-Arts);

DESPREZ, sculpteur;

DEVAUX, graveur;

DOUSSAULT, peintre de genre;

DUBAN, architecte, membre de l'Institut (Académie des Beaux-Arts);

DUBOIS (François), peintre d'histoire;

DUMONT, sculpteur, membre de l'Institut (Académie des Beaux-Arts);

DU PUY, architecte;

DURET, sculpteur, membre de l'Institut (Académie des Beaux-Arts);

FLEURY (Robert), peintre d'histoire, membre de l'Institut (Académie des Beaux-Arts);

FRÉCHOT, architecte;

FRÉZALS (Edmond de), secrétaire de la légation de France à Stockholm;

GEFFROY, professeur d'histoire à la Faculté de Bordeaux;

GILBERT, architecte, membre de l'Institut (Académie des Beaux-Arts);

GLEYRE, peintre d'histoire;

GRISART, architecte;

GUMERY, sculpteur;

HÉBERT, peintre d'histoire;

INGRES, peintre d'histoire, membre de l'Institut (Académie des Beaux-Arts), ancien directeur de l'Académie
de France à Rome;

JALLEY, sculpteur, membre de l'Institut (Académie des Beaux-Arts);

LARIVIÈRE, peintre d'histoire;

LE GO, secrétaire-bibliothécaire de l'Académie de France à Rome;

LEMAIRE, sculpteur, membre de l'Institut (Académie des Beaux-Arts);

LEMOYNE, sculpteur, membre correspondant de l'Institut (Académie des Beaux-Arts);

MM. LENORMANT (Charles), littérateur, archéologue, membre de l'Institut (Académie des Inscriptions et
Belles-Lettres);

LESUEUR, architecte, membre de l'Institut (Académie des Beaux-Arts);

LOBSTEIN (Victor), ministre plénipotentiaire de France à Stockholm;

MARMIER (Xavier), littérateur, conservateur de la bibliothèque Sainte-Geneviève;

NAIGEON, peintre d'histoire, conservateur de la galerie du Luxembourg;

NANTEUIL, sculpteur, membre de l'Institut (Académie des Beaux-Arts);

NIEWERKERKE (le comte de), sculpteur, membre de l'Institut (Académie des Beaux-Arts), directeur général
des musées impériaux;

NORBLIN, peintre d'histoire;

PERIN (Alphonse), peintre d'histoire;

PLANCHE (Gustave), littérateur-critique;

QUANTINET, architecte;

QUECK, peintre d'histoire;

RAULIN (André), paysagiste;

ROBERT (Aurèle), peintre d'intérieurs;

ROGER, peintre d'histoire;

SAINT-ÈVE (J.-M.), graveur;

SEURRE, sculpteur, membre de l'Institut (Académie des Beaux-Arts);

SEYNES (de), peintre d'histoire;

TAYLOR (le baron), membre de l'Institut (Académie des Beaux-Arts), président de la Société de secours
pour les artistes, hommes de lettres, etc.;

TEXIER (Charles), architecte, archéologue, membre de l'Institut (Académie des Inscriptions et Belles-
Lettres);

VERNET (Horace), peintre d'histoire, membre de l'Institut (Académie des Beaux-Arts), ancien directeur
de l'Académie de France à Rome;

VIBERT, graveur, professeur à l'Académie des Beaux-Arts de Lyon;

VILLAIN, architecte.

NOTICE BIOGRAPHIQUE

Si Fogelberg fut un grand artiste, il fut aussi doué d'un noble et beau caractère. Jamais il n'a failli au culte de l'amitié ; on trouvera donc naturel, dès lors, que dans un pays qui n'était pas le sien, mais qu'il appréciait pour les utiles enseignements qu'il y avait trouvés et les sympathies qu'il y avait fait naître, il se soit rencontré des voix pour acclamer sa gloire, des cœurs pour réchauffer son souvenir, des mains dévouées pour transmettre les preuves matérielles de son talent, et faire connaître ses œuvres dans les contrées où elles n'ont pu pénétrer.

La Suède tient un rang distingué parmi les nations, et l'étoile de Fogelberg ira prendre place dans cette brillante constellation de noms illustres, où figurent au premier rang : Gustave Vasa et Gustave-Adolphe sur le trône ; Torstenson, Baner et Wrangel dans les camps, Axel Oxenstiern dans les conseils ; où Linné et Berzélius honorent la science, comme Tegner les lettres et Sergell l'art plastique ; où bien d'autres pourraient encore être cités avec honneur.

L'histoire témoigne de nombreux liens d'amitié entre la France et la Suède, et, en effet, lorsqu'on a habité les deux pays, lorsqu'on a consulté leurs histoires, leurs littératures et leurs monuments ; lorsqu'il s'est établi des rapports entre individus, il est facile de remarquer l'analogie qui existe dans la tournure de l'esprit et du caractère des deux nations.

On a souvent appelé les Suédois les Français du Nord ; cette tradition remonte bien haut, car Alexis Monteil[1] n'a pas craint de la mettre dans la bouche d'un de ses personnages vivant au xive siècle.

---

1. *Histoire des Français des divers états aux cinq derniers siècles*, ouvrage couronné deux fois par l'Institut.

Fogelberg vivait donc avec les Français comme avec ses compatriotes; il épanchait naturellement avec eux toute sa belle âme; tout son esprit si fin et si profond à la fois; sa gaieté qui le portait à la plaisanterie sans aller jusqu'au sarcasme, et cette bonhomie adorable qui ne soupçonnait jamais le mal chez les autres et n'en laissait pas arriver l'idée jusqu'à lui.

Cher et bon Fogelberg! puisse cet hommage rendu à ta personne et à ton talent, contribuer à conserver le dépôt sacré de ta mémoire et à porter au loin ta réputation si méritée!

Benoît Erland Fogelberg est né à Gothembourg, le 8 août 1786. Son père était fondeur en cuivre et ne manquait ni d'habileté ni de goût; on conserve même encore le souvenir des jolis ornements qui décoraient ses cloches, objet principal de son industrie. Il ne paraît pas, toutefois, avoir ambitionné pour son fils une destinée beaucoup plus relevée que la sienne, puisqu'au sortir de l'école, et à l'âge de quatorze ans, il l'envoyait en apprentissage à Stockholm chez un autre fondeur ciseleur, nommé Rung; mais il pouvait déjà soupçonner des dispositions assez remarquables, et il témoigna de son bon sens en mettant le jeune apprenti à même, soit de suivre la modeste carrière paternelle, soit de s'élever jusqu'aux sommités de l'art si la nature l'avait assez doué pour cela. M. Rung était d'ailleurs un homme habile dans sa profession, et il pouvait guider son élève dans l'une ou l'autre route. Fogelberg sentait bien en lui cet instinct précurseur qui pousse l'artiste, souvent à son insu, dans la voie que le génie a tracée d'avance, mais sa modestie ne lui permit pendant longtemps d'entrevoir, comme but définitif de ses travaux, que le modeste atelier de Gothembourg. En attendant que sa vocation se révélât, il suivait son penchant, dessinait à l'école, et sculptait avec son couteau les raves et les navets que sa mère rapportait du marché[1]. Tout le monde connaît l'histoire du lion de Canova, alors marmiton dans les cuisines d'un noble vénitien; Lulli fit également deviner son talent musical par un air joué sur un mauvais violon, dans l'office de Mlle de Montpensier. Que de grands artistes ont eu d'aussi humbles commencements! Arrivé à Stockholm, notre jeune homme, tout en s'occupant de ses modestes fonctions chez M. Rung, allait dessiner à l'Académie, où il s'aperçut bientôt que plusieurs des professeurs faisaient fausse route. La Suède, en effet, avait reçu de son antique alliée un bien triste cadeau, dans les errements du style que l'on a appelé Louis XV, Rococo, Pompadour, etc. Cette erreur du goût français avait infecté l'Europe,

---

[1]. Raconté par lui-même à l'auteur de la Notice, à Stockholm, en septembre 1854.

et de grands artistes, fascinés par la flatterie et l'appât de la fortune, avaient
succombé et avaient entraîné les autres. Boucher lui-même, dont le talent
est incontestable, gémissait de ne pouvoir s'arrêter sur la pente fatale où il
se sentait glisser, et il disait à David son élève : Fais ce que je te dis, ne
fais pas ce que je fais. David, élève de Boucher, quel enseignement pour les
jeunes gens ! Mais si Fogelberg avait sous les yeux de dangereux exemples, il
avait aussi des guides sûrs ; son organisation propre, d'abord, qui répudiait
instinctivement tout ce qui n'était pas puisé aux pures sources de la nature et
du goût ; puis les avis de Bréda, peintre distingué, formé à l'école des grands
coloristes, et, surtout, ceux de l'illustre Sergell qui, en opposition avec la faction
du style Louis XV, soutenait les débutants de la double autorité du talent et
de la raison.

Le remarquable et saisissant éloge prononcé devant l'Académie suédoise, par
M. le baron Bernard de Beskow, dans la séance annuelle du 20 décembre 1855,
nous fournira dans tout le cours de cette notice les plus utiles renseignements.
L'auteur de l'éloge a beaucoup connu Fogelberg ; lui aussi, il a pu le juger
comme artiste et comme homme privé ; il a pu apprécier tout ce que contenait
de trésors cette organisation d'élite ; nous ne pouvons donc rencontrer un
meilleur guide et nous nous appuierons souvent sur lui pour conduire ce
travail le plus près possible du but.

Fogelberg se développa lentement et fut très-retardé dans ses progrès
artistiques ; mais que de choses n'avait-il pas à apprendre pour arriver à
ce point où un homme qui a la conscience de la dignité de l'art ose approcher
du sanctuaire. La pratique de l'art est réellement un sacerdoce dont le sentiment,
développé par l'étude, est la religion ; et l'on peut dire avec vérité, je crois,
que celui qui touche à la palette ou au ciseau sans y être convenablement
préparé, ne sera jamais un grand artiste. D'ailleurs, les organisations humaines
ne sont pas toutes également précoces, notre grand Claude Lorrain était encore
garçon pâtissier à trente-trois ans, et il n'appartient qu'à la médiocrité native
de croire à l'improvisation d'un chef-d'œuvre et à l'inutilité des études
sérieuses.

L'improvisation, même dans cette langue italienne si libre et si harmo-
nieuse ; dans cette langue où la sonorité des mots remplace trop souvent
et jusqu'à l'illusion le vide des idées ; l'improvisation a pu charmer l'oreille
et en imposer un moment à l'esprit, mais elle n'a jamais laissé de traces
profondes, et, de Corilla elle-même, on ne connaît plus aujourd'hui que
le nom.

Fogelberg avait à surmonter de grands obstacles ; il avait à combler les vides de son éducation première ; à mener de front l'orthographe[1] et l'histoire, les langues étrangères et l'archéologie, le dessin et l'anatomie. Il faisait tout avec conscience et ne négligeait aucun détail, parce qu'il savait l'importance de chacune des branches de la science qui constitue le véritable artiste. Et lorsqu'on songe que ce travail long et opiniâtre a dû être entrepris les reins ceints du tablier de l'artisan, on a plutôt lieu de s'étonner qu'il ait pu si tôt arriver à produire des ouvrages dans lesquels la réflexion se montre à côté de la spontanéité. Cet apprenti, si neuf en toutes choses, lorsqu'il quitte la maison paternelle devint, avant d'être un sculpteur remarquable, un homme instruit, savant même ; ses connaissances historiques ne sont pas contestées ; il était excellent anatomiste, archéologue et numismate distingué ; et nous citerons plus loin des fragments de lettres écrites en français, qui prouveront jusqu'à l'évidence combien, malgré de nombreuses incorrections, le génie de notre langue lui était devenu familier, lorsqu'il voulait exprimer ses idées à nos compatriotes. A dix-huit ans, il obtint sa première récompense à l'Académie des arts libres de Stockholm, pour un bas-relief que l'on conserve encore. D'autres distinctions l'encouragèrent chaque année. Une petite succession lui fournit les moyens de se livrer à l'étude sans recourir au travail de ses mains, et, à vingt-cinq ans, il fut élevé à la dignité d'agréé à l'Académie. Ce fut alors, dit M. de Beskow, que Sergell, privé par son état maladif d'assister aux séances, entendit parler des brillants débuts du jeune artiste et lui fit dire qu'il désirait voir ses études. C'était en hiver, Fogelberg mit toutes ses esquisses sur un traîneau qu'il tira péniblement lui-même jusqu'à la demeure de Sergell, après une nuit passée sans sommeil et agitée par la crainte de la décision du maître. Lorsque, en proie à une vive émotion, il eut placé ses statuettes dans l'atelier, Sergell entra et les considéra longtemps sans dire un mot. Enfin, attachant ses regards sur une esquisse de Philoctète, il prononça cette courte sentence : *Je garde celle-ci* ; puis il s'en alla. L'avenir de Fogelberg fut dès lors assuré ; jamais, disait-il depuis, aucune commande ni aucun éloge ne me rendit aussi heureux. A partir de cet instant décisif, Sergell suivit avec un intérêt toujours croissant les progrès de son futur rival de talent et de gloire ; il lui prodigua ses conseils, l'admit dans son atelier et l'invita à ses joyeux repas d'artistes où, comme distinction dernière, l'élève en vint à fraterniser avec le maître.

Une autre circonstance concourut aussi à fixer le double caractère de la

---

[1]. Un de ses compagnons d'enfance m'a dit que, même plusieurs années après son arrivé à Stockholm, il n'écrivait pas purement le suédois.

vocation de Fogelberg. Si son intuition du beau l'entraînait vers l'étude de
la statuaire grecque, le sentiment national, très-fortement empreint chez
lui, plaidait pour la personnification des Dieux de la mythologie scandinave;
or, à cet égard, tout était à faire : aucun type n'était fixé, pas plus dans
l'esprit des érudits que dans l'Edda et les Sagas[1]; ou, si la tradition avait
conservé quelques vagues idées de la conformation physique des Dieux du
Nord, elle les dotait d'attributs grossiers qui pouvaient parler aux yeux de
la foule, mais n'avaient rien de commun avec le goût délicat de la plastique.
C'était ainsi qu'Odin[2] était représenté avec un seul œil, l'autre ayant été
mis en gage pour lui obtenir la permission de boire aux sources de la
sagesse; pouvait-on le ravaler jusqu'à la forme vulgaire de Polyphême ou
de Brontès? Les huit pieds du rapide Sleipner[3] pouvaient-ils le soustraire
à une assimilation déshonorante avec les idoles du culte brahmanique? Voilà
ce que disaient avec une apparence de raison des hommes fort éclairés, en
tête desquels se trouvait Gejer, l'auteur des *Considérations sur l'appropriation
de la mythologie du Nord aux beaux-arts*. Fogelberg ne se découragea pas,
il résista aux arguments de Gejer et aux anathèmes que l'Académie des
Beaux-Arts avait lancés contre les profanateurs qui oseraient : *recourir dans
les arts, à la mythologie du Nord et à ses créations monstrueuses*. Il soutint,
en théorie, que la forme extérieure n'est pas nécessairement liée à des
traditions dont l'origine est plus que douteuse, et qu'il est parfaitement
permis au poëte, au peintre, ou au sculpteur, de rendre d'une manière
agréable à l'œil le personnage auquel s'attache la pensée, à la condition
expresse, toutefois, de lui conserver dans toute son intégrité le caractère
moral consacré par la foi des peuples. Nous trouvons à chaque instant des
preuves de la force et de la lucidité de ce raisonnement dans la statuaire
antique du Midi. Les Grecs laissaient aux barbares d'Ephèse le culte de
leur hideuse Diane aux dix-huit mamelles, et ils nous donnaient ce beau
spécimen de la pudique chasseresse qu'on admire au musée du Louvre.
La poésie prend chaque jour de pareilles licences; et le Satan de Milton
est tout aussi vrai, beaucoup plus vrai même, pour les esprits éclairés,

---

1. L'*Edda*, science mère, nom de deux livres composés en Islande et renfermant les traditions épiques, héroïques
et mythologiques des peuples du Nord.

Sagas, nom qu'on donne aux traditions mythologiques des peuples du Nord, consignées dans les récits poétiques
des Scaldes.　　　　　　　　　　　　　　　　　　　　　　　(*Dictionnaire universel de Bescherelle*.)

2. *Odin*, le plus grand des Dieux scandinaves, père des Dieux et du Monde, était aussi le Dieu des combats et la
source de la science universelle.　　　　　　　　　　　　　　(*Dict. universel de Bescherelle*.)

3. *Sleipner*, cheval d'Odin.

que l'ignoble démon noir et cornu que se dépeint la croyance naïve du villageois. Notre Boileau a dit :

> Il n'est point de serpent ni de monstre odieux
> Qui, par l'art imité, ne puisse plaire aux yeux.

Ces deux vers me paraissent devoir clore la discussion, et réduire l'argumentation de Gejer et de son école à un simple sophisme[1].

Fogelberg, dans la pratique, répondit d'une manière plus péremptoire encore. Il créa les types à l'appui du raisonnement, et produisit des esquisses d'Odin, de Thor[2] de Frej[3] qui, pour être l'œuvre d'un jeune homme, portaient déjà les traces non équivoques de ce qu'on pouvait attendre de lui. Il modela aussi les lions qui ornent le piédestal de la statue de Charles XIII, par Gœthe, et qu'il appelait ses péchés de jeunesse; mais nous le verrons plus tard, dans la plénitude de son talent, réaliser les espérances qu'il donna alors. C'est, ainsi que le remarque fort justement M. de Beskow, qu'il était d'une nature scandinave très-arrêtée, et qu'une fois sa conviction fixée sur la possibilité de concilier l'esthétique avec la représentation des personnages de la mythologie du Nord, rien ne pouvait plus le détourner de l'exécution. La lutte qu'il a eu à subir dans sa patrie, il l'a retrouvée à bien plus forte raison sur le sol de l'Italie, en présence des chefs-d'œuvre de l'art grec qui excitaient en lui de si vifs transports; et, pourtant, sa foi n'a jamais faibli. Que conclure de cette puissante organisation qui, dans le même temps, dans le même atelier, de la même main, caresse d'un ciseau moelleux les jeunes appas d'Hébé, et taille à grands coups les rudes membres de Thor? Il y a là, peut-être, un problème psychologique dont il serait curieux de poursuivre la solution. Sans se préoccuper des migrations d'Odin, entraînant de la Turquie asiatique vers le Nord des populations entières, on pourrait seulement remonter par la pensée jusqu'à ces temps où la Scandinavie fournissait aux empereurs grecs ces braves légions de

1. Au surplus, Gejer a loyalement modifié, depuis, ce qu'il y avait d'absolu dans son premier jugement. Si Fogelberg ne l'avait pas converti, il avait, au moins, fortement ébranlé sa conviction.

2. *Thor*, fils aîné d'Odin, et de Frigga, la Cybèle scandinave, présidait à la foudre et aux combats.
(Dict. universel de Bescherelle.)

3. *Frej*, fils de Nierd ou Niord, Dieu des vents et de la marée. Frej préside aux saisons et reçoit les serments des hommes sous cette forme : Que Frej m'assiste, ainsi que Thor et Odin.

Freja, sa sœur, préside à l'amour et aux poésies érotiques.
(Wilh^e. Stolberg, Essai pour un Dictionnaire de la mythologie du Nord.)

Varangiens [1] dont le recrutement était incessant, et dont les vétérans, en retournant dans leurs foyers, ramenaient des enfants nés sur le sol de la Grèce. Existe-t-il encore aujourd'hui un lien mystérieux entre ces populations si diverses ? Y a-t-il encore du sang mêlé ? Quant à moi, je ne puis m'empêcher de le croire, et sans attacher plus d'importance qu'il n'en faut à cette observation, j'ai souvent été frappé en Norwége, à Drontheim, surtout, des physionomies qui rappelaient le type méridional. J'ai retrouvé également des traces d'habitudes et de costumes qui n'ont certainement pas leur source dans le Nord. Il y a dans la salle à manger du délicieux manoir d'Oscarshall, près de Christiania, un joli tableau de Tidmand qui représente une pêche aux flambeaux ; c'est une scène toute napolitaine, bien qu'elle fasse partie d'une suite destinée à reproduire les différentes phases de la vie du paysan norwégien. J'en pourrais dire autant de plusieurs autres sujets, notamment de la scène qui a pour titre, l'éducation du père ; ce père-là est un véritable natif de la grande Grèce, et pourtant jamais personne, à ma connaissance du moins, n'a contesté la couleur locale des compositions de l'artiste.

Fogelberg avait-il dans les veines quelques gouttes du sang des descendants de Phidias ou de Polyclète ? je ne sais, et n'ai point à m'en préoccuper ; mais, à coup sûr, on pouvait reconnaître facilement un double principe dans son organisation artistique. Son Odin n'a rien de commun avec Jupiter, pas plus que ses Psyché avec les plus séduisantes beautés de Stockholm. Il y avait, dans l'imagination de l'éminent sculpteur, comme deux beaux fleuves qui coulaient parallèlement, et ne confondaient leurs eaux que dans l'océan de l'art.

Voici donc notre jeune artiste au comble de ses vœux ; il a obtenu, sur la demande de l'Académie des Beaux-Arts, une pension qui lui permettra d'aller étudier aux sources mêmes, les traditions de la plastique la plus élevée [2]. Le musée de Stockholm, fondé par Gustave III, lui avait déjà fourni de très-beaux modèles ; l'Endymion, provenant des fouilles de la villa Adrienne et acheté à Rome par Gustave, est certainement une statue qui ferait honneur à toute collection ; mais enfin il y avait pour lui bien d'autres choses à voir. Sergell avait dit à son lit de mort : « Un sculpteur ne peut produire qu'à Rome », et Folgelberg pouvait dire enfin, après le maître :

---

1. Varangiens, Varègues (de warg, banni). Guerriers du Nord qui se mettaient à la solde de divers souverains, et particulièrement des empereurs de Constantinople. Walter Scott a donné de curieux détails sur leur organisation dans son roman de *Robert, comte de Paris*.

2. Cette pension était de 700 écus, 2,500 fr. de France, environ. Il l'a conservée neuf ans.

Et moi aussi, j'irai à Rome. Il nous a souvent raconté ses émotions, lorsqu'il se vit sur le point de réaliser son désir le plus cher. C'était de l'enivrement, presque de la folie; il y avait des moments où il se demandait si c'était bien à lui que pareil bonheur arrivait.

Après un court séjour dans sa famille où il ne retrouva plus son père, mort peu de temps avant son départ de Stockholm, il s'embarqua sur un navire marchand qui faisait voile pour la France, en compagnie d'un autre artiste suédois, M. Salmson, qui venait à Paris se perfectionner dans la gravure sur pierres fines et la gravure en médailles. M. Salmson a bien voulu me redire toutes les traverses de ce pénible voyage, qui ne dura pas moins de vingt-sept jours au milieu des tourmentes de l'équinoxe, et il s'en est fallu de peu que la Suède ne perdît alors celui qui devait plus tard être un de ses plus glorieux enfants. Recueillis, mais, en même temps, rançonnés par un pêcheur de Portsmouth, les pauvres voyageurs parvinrent enfin à débarquer à Cherbourg, le 29 septembre 1820, et de là se rendirent à Paris. Fogelberg, d'une santé naturellement délicate, n'avait pu supporter impunément les fatigues d'un aussi rude voyage; il tomba sérieusement malade et dut subir une cruelle opération dont les suites le retinrent près de trois mois sur le lit de douleur.

Bosio, alors premier sculpteur du roi Louis XVIII, organisait son atelier dans lequel M. Salmson avait été admis des premiers; il y introduisit son compagnon auquel le maître s'intéressa vivement dès le premier abord. Fogelberg resta peu de temps dans l'atelier de Bosio et fut promptement fatigué des plaisanteries, souvent de mauvais goût, que les très-jeunes gens s'y permettaient. Il était trop âgé déjà (il avait trente-quatre ans) et avait un caractère trop sérieux, pour se laisser aller à la dissipation et pour adopter les habitudes d'étourdis qui ne comprenaient pas toujours ce qu'il y avait de noble et de touchant dans la conduite d'un étranger qui, après des succès flatteurs dans son pays, reconnaissait de lui-même qu'il lui restait encore beaucoup à acquérir, et revenait se placer modestement sur les bancs de l'école. Toutefois, si Fogelberg a peu profité dans l'atelier, peut-être trop réaliste de Bosio, il en a, du moins, retiré l'avantage d'avoir été compris dès l'abord, et d'avoir éveillé un intérêt et une sympathie qui ne se sont jamais démentis; aussi a-t-il toujours parlé · de ce maître dans des termes touchants et respectueux. De l'atelier de Bosio, dans lequel il avait modelé quelques esquisses et, entre autres, un Faune, il alla dessiner dans celui de Pierre Guérin, et il trouva là ce qu'il cherchait; l'enseignement magistral, la sollicitude de tous les instants, l'amour de l'antiquité poussé peut-être jusqu'au fanatisme, et, avant tout, la conviction que les observations qu'on lui adressait n'avaient pour bases que le culte de l'art et l'intérêt du disciple. Ce disciple qui, lui aussi, allait devenir un maître, recueillait avec avidité de tels enseignements qu'il trouva trop courts; aussi quel ne fut pas son bonheur quand il apprit que M. Pierre Guérin était nommé directeur de l'Académie de France à la villa Médicis, et qu'il allait jouir, pendant six années entières, des doctes entretiens et des conseils à la fois graves et aimables de celui auquel il devait de véritables et sérieux progrès. C'était chose touchante que de l'entendre parler de Pierre Guérin et de voir son œil étinceler aux souvenirs de l'atelier de ce grand et sévère artiste.

Fogelberg partit de Paris à la fin de novembre 1821, en compagnie de M. Nyström, architecte, qui occupe aujourd'hui une position élevée à Stockholm, où il est secrétaire perpétuel de l'Académie des Beaux-Arts; ils arrivèrent à Rome vers le 1er janvier 1822. Les dates sont aujourd'hui précises et ne peuvent plus laisser place au doute; le séjour en France de celui que nous regrettons a été de treize mois, et c'est par une erreur dont je m'accuse le premier [1], qu'il a été écrit que ce séjour s'était prolongé pendant près de deux années.

Fogelberg, en arrivant à Paris, avait reconnu de suite que, quel que soit le scrupule avec lequel on s'attache à reproduire les formes de la beauté antique, quelque aptitude que l'on puisse avoir à y réussir, il est une étude qui prime toutes les autres et qui, seule, peut donner un caractère d'originalité aux productions de l'artiste, c'est celle de la nature. Il avait donc opiniâtrément dessiné le nu, il l'avait fait avec succès, et c'est là surtout, avec les conseils de Pierre Guérin, ce qui constitue la véritable phase de son talent qui le rattache à notre pays; ses lettres en font foi.

A Rome, une autre carrière, une carrière immense s'ouvre devant lui; c'est l'antiquité tout entière qui se dévoile à ses yeux éblouis; le ciel, c'est celui d'Évandre et de Romulus, de Brutus et de César; les montagnes aux belles lignes bleues, les plaines aux reflets dorés, les cascades blanchissantes, Virgile et Horace les ont chantées; les monuments se rattachent à toutes les grandes époques de la royauté, de la république et de l'empire; les statues sont la plus pure expression de la poésie matérialisée de la Grèce et les plus beaux trophées de la valeur romaine. C'est à s'y perdre ! Sergell avait reçu, on pourrait le dire, la même commotion électrique, et

[1]. Dans l'article nécrologique du *Journal des Débats*, n° du 20 janvier 1855.

il avait été longtemps à s'en remettre. Son esprit était, dit M. de Beskow, plein de vivacité et de feu ; Fogelberg, plus réfléchi, se recueillit en lui-même, tempéra ses émotions par le travail, et s'astreignit une troisième fois à des études reprises aux principes élémentaires. Quelle admirable constance ! Quel empire il faut avoir sur soi-même pour en agir ainsi ! Qui ne reconnaîtrait le grand artiste à ces signes irrécusables ! Mais aussi, quel noble fruit n'a-t-il pas recueilli de cette indomptable persévérance !

Enfin, il touche au but, et après des privations et des travaux préparatoires de tout genre, il arrive à produire une Psyché abandonnée, dont il n'exécuta pourtant pas le marbre (1824). L'Amour vainqueur et tenant l'épée de Mars, vint ensuite ; j'en ai vu le plâtre terminé dès 1825, et il m'en donna alors un dessin que je conserve, bien entendu, très-précieusement ; il ne fut exécuté en marbre que postérieurement, et envoyé à Marseille en 1831, avec l'Odin. L'espoir, réalisé depuis, que cette figure, d'un goût antique très-élevé, serait achetée par le gouvernement suédois, est consigné dans une lettre du 10 décembre 1831, où il annonce que son Amour vainqueur a été placé par ordre du Roi dans la galerie du palais de Stockholm. L'Amour à la coquille me frappa vivement, lorsque je le vis dans l'atelier en 1826, et bien qu'il ne fût pas terminé, j'en fis de suite l'acquisition et l'envoyai plus tard à Paris, où il figura avec la plus grande distinction à l'exposition de 1827. On se demandait quel était l'auteur d'un si ravissant ouvrage, et si l'extrême modestie de Fogelberg n'avait pas laissé attiédir l'effet de son premier succès, nul doute qu'il ne fût, dès lors, parvenu en France à la réputation à laquelle il avait droit. Il a fait, depuis, en 1836, je crois, une répétition de cet Amour où respirent toutes les grâces de l'antiquité ; elle est en Suède, chez M. le secrétaire royal Bjorkman. Quant à l'original, c'est malheureusement le seul ouvrage du maître que nous possédions en France. Le Pâris, pour M. le baron Tamm, le charmant Mercure épiant le sommeil d'Argus, pour M. le comte de Bonde, suivirent de près et achevèrent d'éveiller l'attention des artistes et des étrangers résidant à Rome. On reconnut, dans ces divers ouvrages, l'heureux résultat des profondes études de l'auteur, et l'alliance du sentiment de la nature avec le grand goût de la sculpture grecque. Torwaldsen fut un des premiers à applaudir à ces brillants débuts ; et cela était d'autant plus noble de sa part, que son nouvel émule n'avait pas craint d'engager la lutte sur le terrain même du grand artiste dont le nom était déjà européen ; aussi Fogelberg voua-t-il, dès ce jour, un respect et un attachement sans bornes à celui qui lui avait si hautement et si généreusement assigné son rang. Le

Mercure de Fogelberg est représenté dans la même situation que celui de Thorwaldsen. Assis tous deux à moitié et l'œil fixé sur Argus qui s'endort; l'une des mains tient encore la flûte perfide, tandis que l'autre commence à tirer du fourreau l'épée qui doit donner. la mort à l'imprudent gardien d'Io.

Les avis se partagèrent, la discussion s'établit, chacun soutint son opinion, mais un point sur lequel on tomba aisément d'accord, c'est que chacun des deux ouvrages était rempli de mérite. Pour mon compte, je préfère celui de Fogelberg, dont l'exécution est beaucoup plus étudiée au point de vue de la nature; les chairs en sont souples, vivantes, et d'une *morbidezza* que je ne retrouve pas dans les formes un peu anguleuses de l'autre, tout pétillant d'esprit et de malice. Peut-être, en cela, suis-je à mon insu un peu influencé par mon amitié pour l'un des deux rivaux; cependant j'ai beau m'examiner, je sens que ma conviction est entière.

Les figures dont nous nous sommes occupés ont été exécutées dans des proportions un peu au-dessous des proportions naturelles; nous arrivons maintenant à la seconde phase du talent de l'artiste, celle où il aborde la sculpture monumentale.

Pendant que Fogelberg travaillait, un œil vigilant, un esprit éclairé, un sentiment profond et juste de la convenance et de la vérité, suivait avec attention le développement de ses progrès. Lorsque le moment fut venu et qu'il n'y eut plus qu'à récolter sur ce champ si laborieusement et si longtemps fouillé, le roi Charles-Jean XIV apparut à l'artiste, et éclaira l'obscur et modeste atelier où il se concentrait, d'un de ces rayons vivifiants qui dévoilent toute une carrière, tout un avenir. A partir de ce moment, Fogelberg n'a plus conçu un projet sans le soumettre à son souverain qui lui a, en retour, donné d'utiles conseils, tandis qu'il lui fournissait, d'une main libérale, les moyens de reproduire par le marbre ou le bronze les créations de son génie.

C'est ainsi que la commande d'une statue colossale d'Odin lui arriva à Rome, au commencement de 1828, et qu'il se mit de suite en devoir de l'exécuter. Malheureusement, la fatigue, jointe à la joie excessive qu'il avait éprouvée d'en être arrivé au point de donner un corps à ses idées sur la mythologie du Nord, réveillèrent une grave affection des yeux dont il avait souffert à plusieurs reprises; il éprouvait aussi de violentes douleurs rhumatismales. Il fut obligé d'interrompre ses travaux et d'aller chercher du soulagement aux eaux d'Ischia, l'une des îles du golfe de Naples. Il écrivait de cette résidence, des lettres touchantes; nous extrairons les passages suivants de celle qu'il adresse à **M.** Alph. Périn, en date du 27 septembre 1828 [1].

« ..... Le plaisir de nous revoir est retardé de quelque temps, à cause
« des devoirs sacrés qui vous ont appelé en France. Ainsi, le sort joue
« avec nos plus chères espérances; les plaisirs qu'il nous présente sont des
« faveurs rares; il faut se préparer à ce que le fonds est toujours amer
« dans sa coupe. Mais patience, j'espère qu'il se lassera de vous poursuivre
« et qu'il vous donnera la tranquillité et le temps nécessaires pour développer
« dans votre art vos heureuses dispositions, où vous trouverez des soula-
« gements pour vos chagrins et des récompenses pour vos peines.

« Je voudrais vous donner quelques relations regardant moi-même, mais
« elles ne sont pas d'une nature à vous faire grand plaisir. Mon voyage
« a été sans fruit; les bains m'ont plutôt affaibli et je sens mes douleurs
« comme auparavant.

« Depuis mon séjour à Ischia, j'ai passé trois semaines à Naples; j'ai
« modelé un buste, portrait du roi [2], plus de souvenir que de quelque autre
« chose, et j'ai augmenté ma collection de quelques belles médailles grecques
« qui vous feront plaisir à examiner.

« Maintenant on peut mieux étudier qu'auparavant les peintures antiques;
« elles sont placées au rez-de-chaussée et bien éclairées; il y en a d'une
« beauté de composition et d'expression surprenante, et quand leurs peintres
« de décorations des petites villes pouvaient faire des chefs-d'œuvre pareils,
« qu'est-ce que faisaient alors leurs Apelle?

« Maintenant, je veux commencer à reprendre mon Odin que je laissai
« ébauché. Je vois que l'absence d'un ouvrage fait mieux ouvrir les yeux;
« la volonté est bonne, mais les forces, surtout les moyens ne correspondent
« pas. »

J'ai voulu conserver ce passage tel qu'il a été écrit; j'aurais craint, en corrigeant les incorrections de style, d'affaiblir la force de l'expression ou la douceur de la pensée; mais personne ne trouvera étonnant qu'un étranger qui a été obligé de faire, en grande partie, son éducation lui-même; qui avait à correspondre à la fois, non-seulement dans notre langue, outre la sienne propre, mais encore en italien et en allemand, ait laissé échapper des fautes qu'un polyglotte ne peut que très-difficilement éviter.

---

1. Cette lettre et toutes les autres, dont il sera fait mention, sont écrites en français, à l'exception de divers passages écrits en italien.

2. Je n'ai pu, malgré mes recherches, retrouver la trace de ce buste. On n'en a pas gardé le souvenir dans son atelier.

Cette lettre est d'autant plus intéressante qu'elle peint, presque en entier, celui qui l'a écrite; on y voit sa douce philosophie, le prix extrême qu'il attachait à l'amitié, sa tendre compassion pour la douleur de son ami, et son adresse à lui faire accepter le travail et l'espérance comme les véritables remèdes aux peines de la vie.

Avec quelle noble résignation il glisse sur le récit de ses propres maux, pour se réfugier dans l'étude des peintures de Pompéia et les médailles grecques! Avec quelle modestie il parle de son Odin qui, pourtant, était le rêve de sa vie artistique comme de son patriotisme!

Fogelberg a exécuté cette belle figure debout, et, en cela, sa conviction s'était ralliée à celle du roi Charles-Jean qui n'admettait pas un Odin assis. Aussi, lorsqu'à la fin de 1831, l'œuvre de Rome parvint à Stockholm, le Roi s'écria-t-il : Voilà Odin tel que je l'avais toujours rêvé. Chacun sentit que le type était trouvé, et que les artistes n'avaient plus, à l'avenir, rien à débattre avec les légendaires. L'Odin de Fogelberg est bien une divinité scandinave; il répondrait à toutes les aspirations religieuses de ses adorateurs, s'il en existait encore, et épurerait son propre culte par la puissance et la majesté dont toute sa personne est empreinte. Il en fut de même de Thor, dieu de la guerre, et de Balder, le génie bienfaisant[1], dont j'ai pu suivre les progrès dans divers voyages à Rome, où l'une de mes première visites était toujours pour l'atelier du sculpteur suédois. Ces deux dernières statues furent terminées en 1845. Nous y reviendrons plus loin. L'Odin parti de Rome, en avril 1831, Fogelberg entreprit un Charles XIII qui lui avait été demandé par son gouvernement. Il en fait l'ébauche et se rend à Carrare pour chercher un marbre qu'il trouva non sans peine, ainsi qu'on le voit par ses lettres des 7 mai et 30 juin 1831, à M. Adolphe Roger, celui de ses amis qui lui avait donné le plus de preuves de dévouement. Pendant sept années qu'ils demeurèrent ensemble, M. Ad. Roger avait assisté Fogelberg dans ses travaux comme dans ses souffrances; il l'avait veillé au prix de son repos, soigné de ses mains sans se rebuter jamais, soutenu dans ses moments de découragement[2]. Ce fut vraiment l'amitié poussée jusqu'à l'héroïsme, et je n'hésite pas à dire, que si la Suède conserva de longues années encore son illustre artiste, elle le doit peut-être à M. Ad. Roger;

---

1. Balder, frère de Thor, personnification de la lumière, de la beauté et de la bonté. Le destin l'avait condamné à mourir jeune.

(*Dict. universel de Bescherelle.*)

2. Il avait écrit à des amis de Paris : Carissimi amici, siete fortunati di non essere scultori....., etc. La moitié de cette lettre est en italien et a trait aux mécomptes qu'il éprouvait (8 septembre 1838).

tous les Français qui étaient alors à Rome pourraient rendre le même témoignage.

La statue de Charles XIII marcha lentement ; le marbre était beau, l'artiste voulait y apporter des soins minutieux , mais il avait la fièvre tierce (lettre du 2 mai 1832, à M. Ad. Roger), et d'ailleurs, il était dans une situation financière pénible, par suite de la faillite de deux maisons de commerce chargées de lui faire passer ses fonds. « J'ai eu des « désagréments avec mes lettres de change », écrivait-il à M. Ad. Roger, « et le roi ne peut pourtant pas payer deux fois les mêmes sommes. »

Dans cette même lettre, se trouve un passage qui prouve son filial attachement pour Pierre Guérin, dont la santé inspirait alors de vives inquiétudes. « Portez mes respects à M. Guérin et remerciez-le de ma part « pour l'intérêt qu'il a bien voulu porter pour moi. Son rétablissement « sera un vrai jour de fête pour tous ses élèves, et un des plus forts « encouragements pour tous ceux qui marchent dans la bonne route. »

Et dans une autre lettre du 3 septembre 1833, où il parle de la mort de Pierre Guérin, arrivée à Rome peu de jours avant. « Nous avons eu ici « un événement déplorable. Je parle de l'irréparable perte de notre maître, « laquelle perte a été généralement sentie de toutes les nations. Sa vie « s'éteignit comme une lampe, jour après jour ; au manque de forces, « à la fin il a succombé, c'est le sort de tous les mortels ! Mais la partie « visible de son âme nous restera et nous parle dans ses éternels ouvrages « simples et sincères comme il l'était. Son cercueil est placé dans la « Trinité du Mont, et ce serait bien à désirer qu'on pensât à lui ériger « quelque monument. »

Qui donc a pu écrire que Fogelberg n'avait pas connu Pierre Guérin, ou qu'il n'avait eu avec lui que des relations fugitives ?

La statue de Charles XIII est d'une noble simplicité qui rappelle heureusement le caractère du modèle, et le rôle qu'il est destiné à jouer dans l'histoire. Le travail en est très-soigné et les détails de la figure et des mains étudiés avec une conscience remarquable.

Il pensait déjà à son Gustave-Adolphe et paraît même avoir songé à en faire deux, l'un en marbre, assis, et l'autre en bronze, debout. Nous reviendrons plus loin sur ce qu'il dit à ce sujet dans sa lettre du 23 juin 1832.

C'est dans la période de 1833 à 1838 qu'il faut placer une série d'études et d'esquisses terminées, mais non suivies d'exécution en matière durable. Sa santé était presque toujours chancelante, il écrivait peu, même à ses meilleurs amis, et je le vis, au printemps de 1834, abattu, découragé, et s'occupant principalement d'archéologie et de sa collection de médailles.

J'eus cependant avec lui, de 1834 à 1836, une correspondance assez suivie au sujet de monnaies romaines dont il cherchait à compléter les suites, ce qui m'entraîna dans des recherches jusqu'en Angleterre et en Hollande. Il s'occupait beaucoup aussi des fouilles que l'on faisait à Corneto, à Canino et sur plusieurs autres points de l'ancienne Étrurie ; il voulut bien faire pour moi une collection d'ustensiles et de figurines en bronze ; cette collection, restreinte quant au nombre des objets qui la composent, atteste par l'élégance et la variété des formes, par la beauté de la patine, le goût exquis de celui qui l'avait formée. Nous reporterons donc à cette période de cinq ans, le plâtre de son premier groupe de Psyché et l'Amour (celui que l'on a nommé : le Premier baiser) ; ceux de l'Hébé, de la Baigneuse, d'une Vénus se préparant à entrer au bain, un buste du roi Charles-Jean XIV, bronzé par le procédé galvanoplastique et envoyé à l'université d'Upsal ; les modèles de l'Apollon Citharède et de la Vénus victorieuse, un buste en marbre d'Odin, pour la ville de Gothembourg, le guerrier défendant son drapeau, un Achille blessé, deux esquisses pour un Gustave Wasa, deux études de Gustave-Adolphe, et d'autres encore qui ont été retrouvées dans l'atelier et dont on se rendra compte en examinant nos planches gravées. Le savant critique de la *Revue des Deux Mondes* a consacré, dans cet important recueil, (livraison du 15 juin 1855) un travail très-consciencieux et très-développé aux productions de Fogelberg ; il raconte que dès qu'il l'eut connu à Rome, en 1840, il l'eut bientôt apprécié à toute sa valeur. Mais, ce qu'il ne pouvait savoir que par ouï-dire, c'était la ténacité des efforts opérés pour arriver à des résultats en apparence aussi simples. Nous laisserons ici parler M. Gustave Planche : « Dans *Hébé*, la
« candeur et l'ingénuité, une élégance de formes qui doit éblouir les dieux ;
« dans *Vénus*, une beauté puissante qui inspire le désir. La *Baigneuse* mérite
« une étude particulière : le soin religieux avec lequel Fogelberg a profité du
« mouvement de la figure pour montrer la beauté virginale sous la forme la
« plus exquise, suffirait pour lui assurer un rang élevé parmi les statuaires
« modernes. Je ne sais pas si, lorsqu'il travaillait à sa Baigneuse, il a consulté
« un grand nombre de modèles ; mais, ce que je sais bien, ce que j'ose
« affirmer, ce qui est évident pour tous les esprits éclairés, c'est que toutes
« les parties du corps ont le même âge, et ce mérite n'est pas aussi commun
« qu'on le croit généralement, aussi je considère cet ouvrage comme un des
« meilleurs qu'ait produit la statuaire de notre temps. Dans le *Mercure se pré-*
« *parant à tuer Argus,* il y a une science profonde, une finesse d'expression

« qui ne peuvent être conquises que par un travail persévérant, une méditation
« assidue. Il serait difficile d'imaginer une figure dont l'attitude et la physiono-
« mie traduisent plus clairement la volonté du statuaire. Ici nous apercevons
« déjà une plus grande liberté d'allure; l'originalité de l'auteur se caractérise de
« plus en plus nettement. »

Le Mercure était de beaucoup antérieur aux figures précédemment énumérées,
mais la sagacité du critique n'hésite pas, et, sans s'occuper des dates, il reconnaît bien que, dès ses premiers pas, l'artiste marque sa place par une indivi-
dualité non équivoque.

M. Gustave Planche avait déjà dit, en parlant de l'*Amour à la coquille :* « C'est
« une création charmante, pleine de grâce et de malice. Tout le corps est
« modelé avec une rare finesse; il n'y a pas un détail puéril; le torse et les
« membres sont d'une beauté divine et empreints d'une éternelle jeunesse, etc... »
Nous serons heureux de recourir, plus tard, à son jugement sur d'autres
ouvrages.

Nous voici arrivé à l'époque où Fogelberg dont la santé est enfin raffermie et
dont la position financière est rassurante [1], va se livrer tout entier à l'exer-
cice de son art et se signaler par des œuvres capitales.

Il prélude par les deux belles figures qu'il exécute en marbre pour le
Musée de Stockholm, et dont il choisit les sujets dans la mythologie grecque;
je veux parler de l'*Apollon Citharède* et de la *Vénus victorieuse.*

Je crains tellement que mon amitié connue pour Fogelberg ne laisse planer
sur moi le soupçon d'une partialité même involontaire, que je suis toujours
heureux lorsque je puis emprunter à d'autres des citations qui se rapportent à
l'artiste dont j'entreprends de tracer la biographie.

Voici ce qu'écrit de Rome M. Beyle, consul de France à Civita-Vecchia,
qui, sous le pseudonyme de Stendhal, s'est fait un nom dans la littérature et
la critique. Sa lettre est insérée dans le journal *le Siècle*, numéro du 28 juin 1839,
et fait partie du feuilleton signé Pierre Durand :

« M. Fogelberg, le grand sculpteur suédois, vient de terminer deux statues
« qui ont fait l'admiration de Rome. Tous les jours les artistes, les amateurs
« et les dames de la haute société allaient revoir ees deux êtres divins.
« Figurez-vous le style le plus élevé et en même temps le plus naïf; c'est beau,
« beau comme l'art grec. Tous les gens de goût que nous avons consultés,
« sont d'avis que, depuis trente ans, Rome n'a rien produit de comparable

---

[1]. C'est en 1838 qu'il vendit sa collection de médailles à l'Anglais obstiné. On a écrit par erreur que cette
anecdote se rapportait à la collection des terres cuites; celle-ci fut cédée aux instances du roi de Bavière.

« à cet Apollon et à cette Vénus. C'est une énorme difficulté que de traiter
« une nature si élevée, sans ressembler à ce qui a été fait par les anciens, etc. »

L'Apollon fut pour Fogelberg le sujet de cruels mécomptes, devant lesquels
bien d'autres se seraient rebutés. Deux fois il avait fait ébaucher des blocs
qu'il avait cependant choisis avec soin, et deux fois le marbre rebelle avait
trompé ses efforts, non sans grand dommage pour la modeste bourse du
pauvre artiste. « Povero me! écrit-il piteusement à M. Alph. Périn, le
« 8 septembre 1838, vi dirò ch' è il terzo blocco di marmo che adopro per
« questa maladetta figura. » Enfin, il sortit vainqueur, comme toujours,
de ces graves difficultés, et l'Apollon put aller charmer les yeux de ses
compatriotes, après avoir conquis les suffrages de Rome entière.

Il avait cherché une distraction à ses chagrins dans l'exécution de la
ravissante petite *Vénus*, représentée au moment où elle va recevoir la pomme,
et destinée à faire, dans la collection de M. le baron Thamm, pendant au
Pâris. Nous avons vu quel jugement en a porté M. Gustave Planche : « Elle
« rappelle sans servitude, dit-il, ainsi que l'Hébé et la Baigneuse, les plus
« belles œuvres de l'art grec », ce qui nous dispense d'en dire notre avis.

L'artiste attaque ensuite avec vigueur les deux types de la mythologie
scandinave, *Thor* et *Balder*, et produit, dans ces deux statues colossales, le
fruit d'études qui remontent à son adolescence, et sont aujourd'hui mûries
par quarante années des plus graves méditations sur l'Edda et les Sagas.

Thor est le dieu de la foudre et des combats, mais il n'en est pas moins
placé, comme tous les autres dieux, sous les ordres d'Odin, son père, ce
qui explique parfaitement, malgré sa vigoureuse nature, l'expression morale
subordonnée de la statue. Lorsqu'il lance son marteau de fer dans les angles
duquel s'allume la foudre, il est le ministre des arrêts d'une divinité supérieure. Puis, la tâche accomplie, il étend sa main revêtue d'un gantelet
aimanté qui rappelle le docile instrument de la vengeance céleste. Cette
terrible et curieuse légende est vivante dans la composition du *Thor*. Elle a
été ainsi interprétée devant moi par l'artiste lui-même.

Par une opposition que justifie complétement la différence de nature et
d'attributions, quoi de plus suave, de plus touchant, de plus virginal, si on
peut le dire en parlant d'un homme, que la figure du Balder! Le dieu de la
mansuétude et de la beauté attend avec résignation l'accomplissement de ses
destinées; si la nature entière a entendu les supplications de Frigga, Balder
ira siéger parmi les dieux de l'olympe scandinave; si, au contraire, il doit
être, pour de longs siècles, relégué dans le séjour des ombres, s'il doit subir
le sort réservé aux simples mortels, il est soumis d'avance et attend dans un

calme plein d'une dignité un peu triste, toutefois, que la prédiction s'accom-
plisse. Il a l'air de dire avec le Christ : O mon père! que ta volonté soit
faite! Malgré les assurances de sa mère qui a conjuré toutes les créatures
d'épargner son fils chéri, Balder sait qu'il y a encore à compter avec la malice
inépuisable de Loke [1]. En vain le fer s'est émoussé, en vain le serpent a
essayé son poison, l'expérience n'est pas complète. Les divers sentiments
qui agitent l'âme de Balder dans ce moment suprême, sont exprimés avec
un admirable talent aussi bien dans les traits du visage que dans toute l'attitude du corps.

M. Gustave Planche s'exprime ainsi, à propos de la trinité mythologique
dont Fogelberg a bien positivement créé les types désormais invariables :

« Dans le premier de ses trois ouvrages, Odin, on sent une aspiration
« puissante vers la liberté; dans le second et le troisième, on comprend que
« l'auteur n'en est plus à la souhaiter, mais qu'il l'a conquise. Thor et Balder
« sont deux dates mémorables dans la vie de Fogelberg, car ils signifient,
« ils représentent l'émancipation complète de son intelligence. Les deux
« statues, dont le caractère est si différent, peuvent servir à démontrer la
« souplesse et la variété de son imagination. Pour l'accomplissement de cette
« double tâche, tout était à créer. Par l'étude assidue des légendes scandi-
« naves, par la méditation, l'auteur a surmonté tous les obstacles semés sur
« sa route. Les deux types inventés par lui ne seront revendiqués ni par
« l'antiquité ni par le moyen âge, ils lui appartiennent tout entiers.

« Le visage de Thor respire l'ardeur du combat; son œil flamboyant, ses
« narines dilatées, ses lèvres épaisses expriment le défi. Mais, tout en respec-
« tant le caractère sauvage de la légende, il fallait introduire le dieu scan-
« dinave dans le domaine de l'art, et pour lui assurer le droit de cité ne pas
« reporter la pensée vers l'époque de l'histoire où l'imagination dédaignait la
« forme. Fogelberg l'a parfaitement compris, et son dieu Thor, modelé avec
« autant de soin que les dieux de l'Olympe dont nous admirons les débris, nous
« transporte dans une région idéale. La poitrine et les membres peuvent être
« proposés comme des sujets d'étude; on y trouve en effet l'élégance réunie à
« la force, et lorsqu'il s'agit du dieu Thor, n'est-ce pas à cette double con-
« dition que le statuaire doit s'attacher? Fogelberg ne sépare pas, dans sa
« pensée, la puissance de la beauté, et je crois fermement qu'il a raison.

1. Frigga croyait avoir supplié toutes les créatures, animées ou non, d'épargner son fils, mais elle avait par mal-
heur négligé le gui du chêne. Loke, dieu du mal, fabriqua une flèche avec un rameau de gui et la mit dans les mains
d'Hoeder l'aveugle, autre fils de Frigga, qui tue son frère en croyant lui donner un témoignage d'affection.

« La statue de Balder nous offre la mansuétude et l'abnégation sous un
« aspect que j'appellerai l'aspect évangélique; il est impossible de contempler
« cette figure sans songer à la charité chrétienne. C'est un fait que je constate
« sans vouloir reprocher à l'auteur la vivacité du souvenir qu'il évoque.
« D'ailleurs, il n'y a rien, ni dans le visage, ni dans le torse du dieu scandi-
« nave qui accuse l'imitation. »

A Rome, le premier sentiment qu'éveilla la vue de ces créations fut celui
de l'étonnement, et cela était bien naturel, car ces nouveaux dieux, appa-
raissant dans l'enceinte même de l'Olympe d'Hésiode, pouvaient sembler aux
exclusifs de véritables intrus. On examina ensuite avec attention, on se rendit
compte; puis, une fois qu'on fut entré dans la pensée de l'auteur, on apprécia
ses œuvres à leur véritable valeur.

« En Suède, dit M. de Beskow, leur aspect éveilla une admiration géné-
« rale et se trouva avoir résolu un problème regardé jusqu'ici comme inso-
« luble. »

En ce qui touche Odin, « l'artiste a concentré sa puissance dans la tête, une
« des plus parfaites qui soient venues au jour sous le ciseau des sculpteurs
« modernes. C'est la tête d'un Jupiter, mais non d'un Jupiter grec; les formes
« sont surnaturelles, elles atteignent à une perfection idéale, et cependant
« cette tête est pleine de passions et exprime une domination sévère. »

Thor était ainsi considéré par Fogelberg lui-même. « C'est peut-être l'œuvre
« la plus difficile que la statuaire puisse produire. On peut l'appeler la pierre
« de touche, non-seulement du talent du sculpteur, mais encore de tout le
« style et l'esprit d'une période artistique.

« Son idée principale, ajoute M. de Beskow, fut d'exprimer dans Thor le
« symbole d'une force irrésistible, celle de la nature, et dans Balder, au
« contraire, le principe doux et bienfaisant. Il trouva plus difficile de repré-
« senter Odin, soit comme le premier des dieux et le gouverneur du monde,
« soit comme le dieu de la guerre et le roi d'un peuple guerrier, soit enfin
« comme un sage législateur. Il se décida à en faire le dieu des armées; la
« richesse d'idées avec laquelle l'artiste a réussi à représenter, dans un
« calme antique, ces dieux du nord qu'on se figure occupés à des combats
« éternels, n'a peut-être pas été assez admirée, etc. »

Il avait eu d'abord la pensée d'un Thor combattant le serpent Jordmungand, ainsi qu'on le reconnaît par l'esquisse dont nous donnons un trait.
Mais il abandonna cette composition pour se rattacher à celle qu'il a si
heureusement exécutée en marbre.

Nous allons voir maintenant Fogelberg parcourir la dernière partie de sa carrière artistique, en entrant franchement et avec une grande élévation de pensée et d'exécution dans la statuaire historique. Il ne s'agira pas ici de l'interprétation plus ou moins élégante ou philosophique de sujets ou de personnages apocryphes, lorsqu'ils ne sont pas de sa pure invention; la liberté de l'artiste est limitée par les sévères exigences de l'histoire, et les moindres écarts de la fantaisie doivent s'attendre à être réprimés même avec rudesse.

Nous savons que Fogelberg a toujours eu en vue de traiter les sujets principaux ou de reproduire les plus nobles effigies des grands personnages de l'histoire de son pays; sa première pensée, naturellement, a donc été pour le héros qui, frappé à Lutzen, tombe et meurt dans les bras de la victoire. Gustave-Adolphe avait en outre, pour l'artiste, un attrait particulier : c'était le fondateur de sa ville natale, de Gothembourg; il a donc, on peut le dire, envisagé sous toutes ses faces cette noble et si intéressante figure historique. Nos planches témoigneront des efforts incessants tentés depuis 1832, jusqu'à l'exécution définitive du splendide monument. Nous ne trouvons dans l'atelier pas moins de six compositions plus ou moins avancées quant à l'exécution; toutes ces compositions n'avaient pas, évidemment, le même but; ainsi, le groupe représentant le héros mourant soutenu par la figure allégorique de la Victoire, n'aurait pas été aussi heureusement placé à Gothembourg que la statue qui désigne, d'une manière si noble et si expressive, la place où les fondements de la ville doivent être jetés. La figure assise, tenant à la main une couronne, aurait laissé de l'indécision dans l'esprit du spectateur; les deux autres, revêtues du manteau impérial, n'ont pas, à beaucoup près, le caractère significatif que le sculpteur donnait à ses productions; il avait donc à fixer son choix entre celle qui est accompagnée du lion, faisant une double allusion au courage du héros et aux armes de la ville, et celle qu'il a définitivement exécutée. Il a longtemps penché vers celle-là, et il en avait même envoyé un dessin à Paris, ainsi qu'on le voit dans une lettre adressée à son ami M. Ad. Roger, le 3 septembre 1833, lettre dans laquelle il parle de plusieurs autres dessins faits sur le même sujet et en vue d'une double exécution en marbre et en bronze.

Enfin, après l'envoi en Suède du Thor et du Balder, en 1844, il se met sérieusement à l'œuvre, abandonne avec raison, selon moi, l'emblème du lion qui aurait alourdi la partie inférieure, et termine, en 1846, le modèle pour la fonte. J'ai été témoin, en 1845 et 1846, des études immenses qu'il a faites pour arriver à donner à son ouvrage le caractère historique que l'on admire à juste titre; je l'ai vu, entouré de livres, de gravures du temps, de médailles, de surmoulages, s'absorber dans des réflexions à confondre les idées dans une tête moins bien organisée. Mais, de ce chaos apparent qui n'inquiétait jamais ses amis, devait sortir le chef-d'œuvre dont il a doté son pays et dont M. Gustave Planche dit : « La statue de Gustave-Adolphe « concilie merveilleusement l'élégance et la majesté. Le visage exprime la « résolution et le commandement. Le costume, ajusté avec une rare habileté, « offre des lignes heureuses, et il serait difficile d'imaginer un ensemble plus « harmonieux. Quand je compare cette statue historique, dont tous les détails « sont rigoureusement vrais, à d'autres statues composées sur des données « analogues, je veux dire sur des données empruntées à l'histoire moderne, je « ne puis m'empêcher d'insister sur l'importance des études générales pour « les arts du dessin. Il est évident que Fogelberg n'aurait jamais conçu Gus- « tave-Adolphe tel qu'il l'a représenté, s'il se fût borné à l'étude exclusive de « son métier. Il y a dans cet ouvrage une liberté, une aisance, un naturel « qui révèlent une connaissance parfaite, une connaissance familière du « modéle. Pour atteindre à ce degré de vérité, il faut quelque chose de plus « que la pratique de la statuaire, il est indispensable d'avoir vécu par la pensée « avec le modèle qu'on veut représenter, etc. »

En 1847, et pendant qu'il consacrait tous ses soins à l'œuvre considérable de la statue équestre du roi Charles XIV (Jean), qu'il appelait à juste titre son bienfaiteur, il prenait des mesures pour la fonte de son Gustave-Adolphe. Des propositions qui semblaient raisonnables furent faites par un habile fondeur français résidant à Rome, mais Fogelberg toutefois commit, il faut l'avouer, une imprudence en les acceptant sans s'être bien assuré de la solva- bilité et des moyens d'exécution de l'entrepreneur. L'opération échoua com- plétement en 1849; au moment même où l'on commençait le siége de Rome, le moule, ébranlé déjà par les détonations de l'artillerie, éclata, le modèle fut brisé, et le malheureux auteur de ce magnifique travail n'obtint aucune indemnité, ni de son temps ni de ses frais, le fondeur étant absolument ruiné lui-même.

Il fallut recommencer, et, cette fois, il s'adressa à Munich, à des gens aussi habiles que solvables, à ceux-là même qui avaient exécuté, pour le roi Louis de Bavière, une partie des immenses compositions de Schwanthaler et d'autres artistes en réputation. La fonte réussit parfaitement, la statue fut acheminée sur Hambourg et embarquée pour la Suède; mais le bâtiment, accueilli par une affreuse tempête, alla misérablement échouer sur les côtes de l'île d'Héligoland. On tira ce qu'on put des assureurs et Fogelberg recom- mença pour la troisième fois son modèle. C'était, sur une plus grande échelle, la répétition des infortunes de son Apollon Citharède; mais, quelque digne d'un compatissant intérêt que puisse être l'artiste qui éprouve de pareilles traverses dans la pratique de son art, on peut encore trouver heureux que cet artiste soit doué d'une âme assez ferme pour ne jamais faiblir dans les circonstances les plus critiques. Celui qui ne succombe pas sous les coups de la fortune, est appelé à recueillir d'autant plus d'honneur que les déceptions ont été plus poignantes. Ce sera donc une vraie gloire pour Fogelberg et un éternel exemple pour les jeunes artistes, que la constance qu'il a déployée, pendant toute sa vie, dans les positions difficiles où il s'est trouvé.

Il est inutile d'ajouter que la troisième tentative réussit à souhait et que le Gustave-Adolphe fit une entrée triomphale dans la ville qu'il avait fondée.

Fogelberg, que nous avons toujours vu si soigneux des moindres détails de ses ouvrages, s'est occupé, cette fois, avec un amour inusité, de tous les accessoires de sa statue. Il fit lui-même les dessins très-étudiés du piédestal, et alla jusqu'à composer les candélabres destinés à éclairer le monument.

Nous en donnons un trait au bas de la planche consacrée au héros de la guerre de trente ans.

Une particularité curieuse se rattache à ces travaux opiniâtres; pendant que la statue de Gustave-Adolphe, qui devait être érigée à Gothembourg, arrivait enfin à bon port, la malheureuse naufragée était retirée du fond de la mer par des pêcheurs d'Héligoland. Ceux-ci, la voyant couverte de cette belle patine si appréciée des antiquaires, mais qui, cette fois, n'en avait pas l'obligation au temps, s'imaginèrent qu'elle courait risque d'être détruite si on la laissait ainsi exposée à l'air. Ils l'enduisirent donc, pour préserver le bronze, d'une couche épaisse de goudron, et étaient, dit-on, au moment de la briser pour s'en partager les morceaux, lorsqu'on leur fit entendre qu'ils trouveraient plus d'avantage à la vendre intacte. Ils la proposèrent au sénat de Hambourg qui déclina l'offre, par suite, a-t-on prétendu, d'un scrupule exagéré. Le sénat de Brême, plus hardi, a acquis la statue et l'a érigée, à son grand honneur, sur une des places de la ville.

Ainsi s'est trouvée fortuitement étendue la réputation de Fogelberg, qui recueillit, dans cette circonstance bizarre, un bien légitime dédommagement à ce qu'il avait souffert.

Poursuivant sa route dans la voie de la statuaire historique, il termina le modèle de sa statue équestre du roi Charles XIV (Jean), l'envoya fondre à Munich, éclairé qu'il était par une triste expérience, et entreprit immédiatement cette composition si originale et si caractérisée du Birger Jarl, le fondateur de Stockholm. Dans la première de ces deux statues on admira sans restriction le cheval, qui est véritablement en mouvement; quant à la figure du roi, encore que la ressemblance soit incontestable et l'attitude noble et naturelle, elle subit les conséquences fâcheuses du costume moderne, et il est, je crois, à regretter que l'artiste ait supprimé le manteau que j'avais vu sur le modèle dans l'atelier de Rome. Ce manteau, indépendamment de ce qu'il eût donné à la figure du roi une ampleur qui lui manque, et qui eût été en harmonie avec l'importance du monument, avait l'avantage inappréciable d'être historique. Nous avions vu récemment, en France, et dans d'autres statues équestres, les inconvénients du costume militaire actuel, et je m'étonne que Fogelberg, dont l'esprit était si juste, n'ait pas profité de l'exemple.

La composition du Birger Jarl n'a eu à lutter, elle, contre aucune difficulté de costume, mais elle en a rencontré une autre très-considérable, celle du manque absolu de tradition positive, quant aux traits de cet important personnage. Malgré la prétention des artistes qui ont peint les deux portraits que l'on voit au château de Gripsholm[1], il n'y a rien de certain à cet égard. On ne peut pas avoir plus de confiance dans la gravure de l'ouvrage intitulé : *Suecia antica et hodierna*, bien qu'elle annonce pompeusement avoir été faite d'après un portrait conservé dans la ville finlandaise de Tawasta, et portant la date de 1220. Cette date, même, n'est pas d'accord avec l'histoire, qui fait naître le Jarl Birger en 1210, et ce n'est pas à l'âge de dix ans, bien certainement, que l'on a pu peindre ou sculpter le respectable personnage dont la figure placide contraste si étrangement avec l'armure qui le couvre, et les instruments de correction qu'on lui a mis dans les mains, et qui font, sans doute, allusion aux procédés un peu vifs qu'il mit en usage pour pacifier la Finlande.

Fogelberg s'est donc encore trouvé dans la nécessité de créer un type, non-seulement pour la circonstance présente, mais pour les artistes qui, à l'avenir, voudraient reproduire, dans la peinture ou la sculpture historique, le glorieux fondateur de Stockholm. On ne peut nier qu'il l'ait fait avec un sentiment profond de la tradition et une grande élévation de style. « Si « Fogelberg, dit M. Gustave Planche, a dû inventer le visage de Birger « Jarl, il a fait preuve, dans l'accomplissement de cette tâche, d'une grande « finesse d'imagination. S'il n'avait pas sous les yeux le portrait du guerrier « qu'il voulait représenter, il l'a créé avec un rare bonheur. Il y a tant

1. Dans la collection aussi nombreuse qu'intéressante des portraits historiques, n°s 391 et 466.

« de naturel dans la pose, qu'on s'attend à le voir marcher; c'est un éloge
« qui s'applique à bien peu de statues, surtout lorsqu'il s'agit d'un guerrier
« du moyen âge, aussi, le Birger Jarl me paraît être une des œuvres les
« plus considérables de l'art moderne. »

Le Birger Jarl fut aussi heureusement fondu à Munich que le Gustave-
Adolphe et le Charles-Jean, et cette noble trinité de grands hommes arriva,
dans l'été de 1854, aux lieux où elle devait tant contribuer à la renommée
de l'artiste et précéder de si peu sa fin déplorable. Ce sera un vif sujet de
regrets, que les statues de Gustave Wasa et de Charles XII n'aient pu se
joindre aux trois premières, et constituer ainsi l'ensemble d'une œuvre se
rattachant aux pages les plus intéressantes de l'histoire du pays.

Le Charles XII dont j'ai vu tout récemment le modèle à Rome, dans
l'atelier, est un chef-d'œuvre de simplicité et de décision. Il n'est guère
possible d'entrer plus profondément dans le caractère d'un personnage, que
Fogelberg ne l'a fait ici, et certes, on ne l'accusera pas d'avoir eu recours à
des moyens d'apparat, à des accessoires de nature à venir au secours des
mémoires infidèles ou des études incomplètes. C'est dans l'intimité même des
sentiments du monarque guerrier, qu'il a été puiser cette attitude martiale,
ce regard intrépide, et il aurait fort bien pu se dispenser de rappeler, sur
le piédestal, la devise favorite de son héros : *Avec l'aide de Dieu*, chacun aurait,
sans hésitation, reconnu Charles XII. Espérons que le gouvernement suédois
ne laissera pas l'exécution d'un ouvrage aussi remarquable confiée au plâtre
seulement, et qu'il accomplira le vœu de l'auteur, qui voulait le faire couler
en bronze et le placer dans le parc d'artillerie de Stockholm.

Quant à la noble figure de Gustave Wasa, nous en connaissons deux
esquisses peu avancées, et nous y retrouvons en germe la noblesse et la
vérité, ces deux muses de l'art que Fogelberg a toujours honorées. Le temps
a pu seul lui manquer, pour l'exécution de cette composition à laquelle se
rattachent de si glorieux souvenirs.

Nous avons en outre à mentionner trois études ébauchées de souverains
suédois, un Charles IX, un Charles XI, et un dernier sur lequel on n'est pas
d'accord, peut-être était-ce encore une première pensée pour son Gustave-
Adolphe. Il n'en est pas de même du modèle d'une statue de S. M. le Roi
régnant; celui-là est bien étudié, et nous sommes heureux qu'il en soit
ainsi, puisqu'il nous est alors possible de reproduire, par la gravure, les détails
aussi bien que l'ensemble de cette belle et simple composition. Le manteau
royal vient ici au secours de l'artiste, et lui permet de donner à sa figure
l'aspect monumental qui lui appartient par la nature même du sujet. Au

surplus, le champ sera bientôt ouvert aux conjectures et aux appréciations, puisque le Roi a eu l'idée généreuse de faire acheter en bloc à la succession, non-seulement les modèles, mais encore les esquisses même non terminées de Fogelberg, en un mot, tout ce qui était dans l'atelier. On pourra ainsi juger jusqu'aux pensées les plus intimes de l'auteur, et se rendre compte de la manière élevée dont il eût interprété bien d'autres sujets que ceux qu'il a produits.

Fogelberg a fait peu de bustes; nous n'en connaissons que quatre : celui du roi Charles XIV (Jean), placé à l'université d'Upsal; ceux de Nils de Rosenstein, homme d'État et littérateur très-estimé en Suède, où il est mort secrétaire perpétuel de l'Académie, le buste est placé dans la salle des séances; celui de M. Ankarswaerdt, intendant général des bâtiments et président de l'Académie des Beaux-Arts, et, enfin, celui de M. Nyström, architecte et secrétaire perpétuel de l'Académie des Beaux-Arts.

Le premier de ces bustes est, ainsi que nous l'avons déjà dit, bronzé par le procédé galvano-plastique; les deux suivants en marbre, et le dernier en plâtre seulement. Nous avons aussi retrouvé au printemps dernier, dans l'atelier de Rome, quelques têtes de femme ébauchées, mais nous n'avons pu savoir s'il en a terminé aucune. Nous croyons que ce sont des études d'après des modèles. Nous rappelons ici qu'il n'existe aucune trace du buste du roi de Naples, modelé en 1828.

Fogelberg n'a jamais été porté à traiter en bas-reliefs les compositions que lui suggérait son génie; il n'y voyait que la moitié de la beauté et de la dignité sculpturale. Il avait étudié d'une manière si approfondie le rapport des diverses parties d'une figure, que le plus bel ajustement était impitoyablement rejeté, s'il ne se présentait également bien sous tous les aspects. Il poussait ce système si loin, qu'il l'appliquait même à la peinture et qu'il critiquait Orsel et les autres peintres, lorsqu'il pensait que les plis de leurs étoffes, tout élégants et harmonieux qu'ils fussent dans la partie visible, n'auraient pas dû faire un aussi bon effet si les personnages avaient été vus de dos. Il reportait donc toutes ses pensées dans l'art vers les figures de ronde-bosse, et l'on conçoit qu'avec une telle manière de voir il n'ait pas été attiré vers les bas-reliefs.

On n'a qu'une seule esquisse qui puisse mettre sur la voie de la manière dont il comprenait l'exécution de ces sortes de compositions, c'est celle du monument funéraire à élever au jeune prince Gustave, duc d'Upland, enlevé si prématurément à l'amour de sa famille et aux respects de la Suède. L'artiste avait fait un projet pour le monument entier, et ses études de l'architecture, en ce qu'elle touche à la sculpture, le mettaient parfaitement à même de justifier cet empiétement sur un domaine qui n'était pas le sien. Le bon goût de ses piédestaux, leurs justes proportions, donnent une idée de son aptitude architecturale, et l'on peut très-bien admettre que son projet de monument funéraire eût été jugé exécutable. La donnée en est simple et la décoration d'un style noble et délicat, bien que la partie supérieure en soit un peu lourde ; on sent que l'artiste a été imbu, depuis longues années, des belles traditions de la renaissance, et les pilastres rappellent, tout en étant très-bien motivés, les stucs des loges de Raphaël.

Il avait projeté d'autres sujets traditionnels ou allégoriques se rattachant à l'histoire de son pays. Ainsi un groupe exprimant la Suède et la Norwége s'unissant pour leur défense commune, des statues personnifiant les quatre ordres de l'État et destinées à la salle des séances de la diète suédoise, etc.

Ce n'est donc pas la puissance de conception et d'exécution qui lui a manqué, c'est le temps.

Nous terminerons cette partie de notre biographie en disant quelques mots de la dernière composition de Fogelberg, de celle qui fut comme son dernier soupir artistique.

Je n'ai connu d'abord ce groupe de l'Amour et Psyché que par les photographies qu'il me donna à Stockholm en 1854, et qui représentaient, sous trois aspects différents, la scène dans laquelle ces deux personnages se témoignent leur tendresse. J'examinai longtemps ces photographies qui excitaient au plus haut point mon intérêt, puis je dis : Eh bien! quelle a été votre idée? — Mais vous le voyez bien, me répondit-il avec bonhomie, puisque l'Amour et Psyché s'aiment, il est bien naturel qu'ils se le disent et même se le prouvent. — Bon! répliquai-je, nous nous connaissons depuis trop longtemps pour ne nous pas dire du premier mot tout ce qu'il y a au fond de nos pensées, et, puisque vous ne voulez pas parler, je vais le faire pour vous. La scène charmante que vous animez de votre génie, c'est le raccommodement après la brouille ; c'est la contre-partie du groupe de Sergell avec lequel vous allez lutter de grâce et de sentiment, comme vous l'avez fait d'esprit et de malice avec Thorwaldsen, pour votre Mercure. Cette lutte est, à mon sens, la plus utile que les artistes puissent engager, lorsqu'elle a pour principe une noble émulation et non une jalousie qui ne saurait exister en vous. Cette lutte, elle ne saurait jamais tourner qu'au très-grand profit de l'art, et bien loin de vous en détourner, je vous y encouragerais s'il en était besoin. Les sentiments honorables qui vous ont toujours animé pour Sergell et pour Thorwaldsen sont connus, ainsi vous n'avez rien à craindre de ce côté; maintenant, voici mes raisons.

La fable, telle que nous l'a léguée Apulée, nous dit que Psyché n'a jamais vu l'Amour jusqu'au moment où la goutte d'huile le réveille et où il s'enfuit malgré les supplications les plus touchantes; c'est le moment choisi par Sergell. Elle ne reverra son époux que lorsqu'elle aura apaisé la colère de Vénus par les plus pénibles épreuves, et que Jupiter, rendu favorable, l'aura admise dans l'Olympe. Alors seulement elle pourra s'approcher de l'Amour pour lui témoigner, à la lumière du jour, tout ce que son âme renferme de tendresse et de gratitude. Or, je vous le demande à vous-même, quels sont les sentiments qui dominent dans le groupe? De la part de l'Amour, l'affection et la joie de voir sa Psyché lui être rendue et de la retrouver, non-seulement éprise, mais repentante et à jamais dévouée; de la part de Psyché, la plus brûlante affection jointe à la reconnaissance pour d'aussi grands bienfaits et une aussi constante protection. C'est ainsi que j'en juge, du moins, et j'en conclus, que si Sergell a voulu exprimer la rupture des deux amants, et l'on sait avec quel bonheur il y a réussi, vous avez voulu, vous, nous faire assister à leur rapprochement. J'espère que vous ne réussirez pas moins et que, semblables aux jumeaux divins, aux Dioscures toujours favorables, vous irez tous deux, par-delà les siècles, réjouir les yeux et élever l'âme de vos compatriotes.

A cela, la vérité exige que j'avoue que Fogelberg ne répondit rien; mais, à l'expression de ses yeux, au sourire mystérieux qui glissa sur ses lèvres, je fus, dès lors, convaincu que je ne m'étais pas trompé.

Lorsque je vis à Rome, au mois d'avril 1855, le modèle complétement terminé, je me fortifiai dans ma croyance et me laissai aller à toute mon admiration pour cette ravissante production. Il y a un abandon à la fois si voluptueux et si chaste, une extase si dévouée dans la Psyché; un amour si tendre et si protecteur dans son immortel époux; une si grande harmonie dans toutes les lignes, une si grande finesse dans tous les détails, que je n'ai jamais épuisé mon intérêt pour cette œuvre vraiment capitale. Ah! M. Gustave Planche a bien raison : « Ce dernier groupe est le plus bel « ouvrage de l'auteur. » M. de Beskow, lui aussi, déclare que c'est « lorsque « ses cheveux blanchissaient, que Fogelberg offrit son plus beau sacrifice « aux Grâces, et que la vie pure et céleste qui respire dans ces formes, n'a « jamais été surpassée et bien rarement atteinte. » L'avenir jugera comme eux, j'y ai une foi entière.

Terminons, en remarquant que si Fogelberg, en raison de sa double nature, a souvent voué avec amour son ciseau aux traditions de son pays, sa passion du beau absolu n'a jamais laissé affaiblir en lui le sentiment expressif de l'art grec. Son premier et son dernier effort ont été pour Psyché, l'emblème de l'âme, telle que la comprenaient Phidias et Praxitèle. Il possédait une grande sûreté de main et une grande habileté à travailler le marbre; le soin extrême qu'il apportait dans tous les détails d'exécution a puissamment contribué à développer en lui ces deux qualités.

Nous n'avons plus rien à dire des productions de Fogelberg, si nous ne voulons pas nous exposer à sortir des bornes d'une simple notice biographique, mais nous avons le devoir triste et doux de consacrer nos dernières pages à la vie intime et aux souvenirs personnels de l'homme privé.

Fogelberg ne voyait dans la fréquentation du grand monde, dans la vie somptueuse, dans tout ce qui tenait à l'étiquette et à la représentation, que des distractions funestes à l'étude et au travail. Il se concentra donc dans son atelier et n'y admit, autant que possible, que le petit nombre de ceux qu'il honorait du nom de ses amis. Bienveillant et poli pour tout le monde, il ne livrait son cœur tout entier qu'à ceux-là seuls qu'il savait lui être attachés, et ne l'éparpillait pas aux connaissances superficielles. Cette heureuse organisation a donc permis à ceux qui l'ont vu dans l'intimité de l'apprécier à toute sa valeur, et de pouvoir, aujourd'hui, faire partager au loin leurs appréciations sur le caractère comme sur les sentiments de cet éminent artiste. Il y avait à Rome, de 1821 à 1830, trois peintres français que Fogelberg appelait sa trinité : c'étaient MM. Orsel, Perin et Roger; les deux premiers, élèves distingués de Pierre Guérin, étaient conséquemment ses camarades d'atelier; mais tous quatre étaient unis dans une même communion artistique et une même respectueuse affection pour le maître.

C'est à cette pure source que l'on peut puiser sans crainte lorsqu'on veut connaître les plus secrètes pensées de Fogelberg. J'ai souvent assisté à leurs réunions intimes, de 1825 à 1827[1], j'ai lu avec soin la correspondance échangée depuis le départ de ces amis dévoués autant qu'habiles; nous avons, en outre, pour nous guider sur les premières années, le témoignage de ses compagnons d'étude, puis les lettres dont M. de Beskow a donné des extraits intéressants dans son éloge.

Quant à moi, je l'ai connu en 1825, et depuis nous avons toujours été en

---

1. MM. Alphonse Perin, Victor Orsel et Adolphe Roger ont peint, depuis, les trois belles et intéressantes chapelles qu'on voit à Paris, dans l'église de Notre-Dame-de-Lorette. Orsel est, en outre, l'auteur du grand tableau votif commandé par la ville de Lyon pour Notre-Dame-de-Fourvières, et d'autres productions du plus grand mérite. Les arts ont eu à regretter sa perte en 1850, et M. Alphonse Perin fait graver son œuvre avec un dévouement fraternel qui ne recule devant aucun sacrifice.

rapport, soit pendant mes nombreux séjours à Rome, soit par correspondance, soit enfin, lors de notre dernière et fortuite rencontre à Stockholm, pendant l'été de 1854. J'ai donc pu me former, moi aussi, une opinion, que j'ai lieu de croire fondée, sur tout ce qui a rapport à lui.

Fogelberg vivait dans une laborieuse obscurité que l'amitié se chargeait d'égayer. Étranger au faste, sobre par nature, il n'eut pas de peine à supporter la gêne qui pesa sur ses premières années, et ne s'en plaignit que lorsqu'elle ralentit ses travaux; mais il se trouva, à partir de la commande d'Odin, dans une aisance relative qui lui permit de commencer sa collection de médailles. Il consacra bientôt à cette collection les ressources que sa vie si simple, les frais d'atelier et son esprit de charité laissaient disponibles; il se vit possesseur d'un capital dont ses goûts modestes s'effrayaient, lorsque l'amateur anglais, dont il a été si souvent question, vint, à force d'obsessions, l'obliger à formuler une estimation de son médailler et le prit au mot en le payant comptant. Il s'occupa, immédiatement après, de la réunion de ses terres cuites et de ses lampes que le roi Louis de Bavière vint encore lui arracher avec une si bienveillante insistance et de si flatteuses marques d'estime. Il cherchait, en dernier lieu, à réunir des portraits gravés de personnages historiques, et il envoyait souvent et depuis longtemps, une quantité de livres, de bronzes, de terres cuites et d'autres objets d'études à Stockholm, où on les enfouissait dans l'atelier que le gouvernement lui allouait; on a dû y trouver des choses intéressantes.

Fogelberg n'a formé qu'un seul élève, qui lui est resté attaché jusqu'au moment de sa mort et honore encore sa mémoire des regrets les plus touchants. M. Luigi Roversi, c'est le nom de ce fidèle compagnon de ses travaux, a demeuré vingt ans près de son maître chéri, sous lequel il est devenu, lui aussi, un artiste de mérite, après être parti du degré le plus humble. C'est grâce à lui que nous avons pu compléter la suite des photographies qui ont servi à la gravure de nos planches, et d'en avoir établi l'ordre chronologique d'une manière à peu près certaine. Nous sommes heureux de trouver ici une occasion naturelle de lui en témoigner notre reconnaissance.

Si Fogelberg eut des amis sincères, et le généreux dévouement de M. Roger, entre autres, l'a surabondamment prouvé, c'est que personne aussi ne sentait plus que lui le prix de l'amitié et ne la comprenait d'une manière plus délicate.

Qu'il nous soit permis de citer un trait fort simple, mais qui le peindra tout entier. Il avait été très-lié avec une famille étrangère qui, après avoir longtemps séjourné en Italie, retourna dans sa patrie. Avant de partir, les dames

de cette famille distribuèrent, aux personnes qu'elles avaient connues à Rome,
de menus objets provenant de leur travail et destinés à conserver le souvenir
de ces relations si pleines de charmes. Fogelberg, qui avait été compris dans
la distribution pour une petite bourse en filet de soie [1], rencontre dans une
ville du Nord, longtemps après et d'une façon tout à fait inopinée, cette même
famille et les dames qui lui avaient donné un si modeste gage de leur bien-
veillance. Dès la première visite, Fogelberg tire de sa poche deux bourses et
dit, montrant celle où était son argent : « Connaissez-vous cet objet? —
Non, répondit-on de suite. — Et celui-ci? — Mais, disent les dames, il nous
semble que c'est la bourse que nous vous avons donnée à Rome en 18.....
— Effectivement, reprit Fogelberg, c'est bien elle. Dans la première de ces
deux bourses, je mets mon argent et n'en fais aucun cas, aussi est-elle en
fort mauvais état. Quant à la seconde, j'y mets ma reconnaissance et mon
affection; elle ne me quitte jamais et sera neuve tant que je vivrai. » Y a-t-il
un traité sur l'amitié qui vaille ce simple récit?

Les Suédois qui résidaient à Rome ou y séjournaient accidentellement,
aimaient à l'entourer et à reconnaître en lui leur patriarche; lui, de son
côté, faisait tous ses efforts pour diriger leurs études, faciliter leurs excursions
et rendre leur séjour le plus instructif et le plus agréable possible. « Nous
« le considérions, me disait récemment l'un de ses plus honorables compa-
« triotes, comme notre représentant naturel [2], tant nous retirions de fruit et de
« plaisir de son érudition et de son aménité. »

On sait, en outre, qu'il était le gardien de la bibliothèque fondée à Rome
pour l'usage des Suédois, et qu'il la mit toujours à leur disposition avec une
rare obligeance.

Pendant son long séjour en Italie, de 1821 à 1854, il ne visita sa patrie que
deux fois : la première en 1845, lorsqu'il fit porter à Stockholm ses statues de
Thor et de Balder; il y fut reçu avec la distinction dont son mérite le ren-
dait si digne; déjà membre de l'Académie des Beaux-Arts et professeur de
statuaire, il fut nommé chevalier de l'ordre de l'Étoile polaire, puis il revint
par Paris où ses amis l'accueillirent avec une bien grande joie. En 1854, il
alla à Munich pour veiller à l'expédition de ses trois statues monumentales,
et se rendit ensuite en Suède, à la fin de juillet, pour assister à leur érection,
après avoir dirigé la construction des piédestaux.

Nous trouvons dans les publications du moment, le récit des solennités

---

1. C'est la bourse qu'on voit sortir de la poche de son gilet dans son portrait.

2. M. le colonel Söderberg, aide de camp du Roi.

auxquelles donnèrent lieu les différentes inaugurations des images vénérées de Charles XIV (Jean), de Birger Jarl et de Gustave-Adolphe. Ces inaugurations prirent véritablement les proportions de fêtes nationales, et, au milieu des acclamations du peuple, le roi remit à l'artiste, qui honorait à la fois son pays et lui-même d'une manière si éclatante, les insignes de commandeur de l'Étoile polaire.

Le 24 novembre, Fogelberg, comblé d'honneurs, entouré des sympathies de ses compatriotes, mais très-fatigué d'une vie agitée en dehors de toutes ses habitudes, quitta la Suède, qu'il ne devait, hélas! jamais revoir.

Il se dirigeait vers l'Italie, et se réjouissait à l'idée de se retrouver dans cet atelier du Corso, à Rome, qui contenait les souvenirs de ses ouvrages exécutés et les esquisses de ceux qu'il méditait encore. Il était plein d'une ardeur juvénile, et ne rêvait. qu'aux moyens de réaliser ses conceptions, lorsque, arrivé à Trieste, il fut retenu par une indisposition qui ne donna d'abord aucune crainte. Le troisième jour, et lorsqu'il faisait déjà ses dispositions pour traverser l'Adriatique et se rendre à Venise, peu d'instants après avoir été quitté par le consul de Suède à Trieste, il fut frappé, dans la soirée du 21 décembre 1854, par une attaque d'apoplexie qui termina sa carrière à l'improviste; dès lors s'ouvrit à ses amis et à ses admirateurs une source intarissable de regrets.

On a dit, avec raison, que si la vie de Fogelberg fut heureuse, malgré la délicatesse de sa complexion et d'assez fréquentes maladies, sa mort ne le fut pas moins, puisqu'il n'a connu ni la décroissance du talent, ni la décrépitude du corps, ni l'affaiblissement de l'esprit. M. de Beskow lui a même fait, dans son éloge, une heureuse application d'un passage de Tacite sur l'opportunité de la mort. Tout cela peut être vrai philosophiquement, mais quand on songe à l'avenir artistique qui lui paraissait encore réservé, aux grandes choses qu'il aurait pu accomplir, aux nobles qualités de son cœur, aux charmes de son esprit, comment étouffer ses plaintes!

« Vous avez perdu vos filles chéries, moi j'ai perdu Monseigneur », disait Louis XIV à son musicien favori, après une cruelle épidémie; « Lalande, il « faut se soumettre. »

Soumettons-nous donc, et révérons silencieusement les décrets de la Providence.

Fogelberg, malgré son extrême modestie, n'aura point été, même de son vivant, à l'abri des honneurs. S'il n'a point cherché la gloire dans ce qu'elle a d'éclatant aux yeux des hommes futiles, la gloire a été le chercher dans l'obscurité où il se complaisait, et l'a révélé aux hommes sérieux.

Chevalier, puis commandeur de l'Étoile polaire, il était membre titulaire et professeur de l'Académie des Beaux-Arts de Suède, membre correspondant de l'Institut de France, membre de l'Académie de Saint-Luc et de l'Académie d'Archéologie à Rome.

TABLE ANALYTIQUE

FRONTISPICE

PLANCHE N° 1

On a voulu exprimer, dans la composition du Frontispice, l'union de la France et de la Suède pour honorer la mémoire de Fogelberg. Les deux pays sont caractérisés par leurs armes, et leur direction commune par l'étoile polaire.

Sur la table de marbre est gravée l'inscription qui rappelle la nature et le but de l'ouvrage.

Des trois statues, la Vénus fait allusion à la partie de la carrière de l'artiste, qui a été consacrée à l'étude de . art antique; le Birger-Jarl indique l'époque où il s'est voué à la statuaire historique; l'Amour à la coquille, le lien qui l'unit à la France, puisque c'est le seul de ses ouvrages que nous possédions.

PORTRAIT

PL. N° 2

Ce portrait a été gravé d'après une photographie fort ressemblante, faite à Munich, en 1854, lorsque Fogelberg alla dans cette ville surveiller l'expédition des trois statues monumentales que l'on devait, peu après, inaugurer en Suède.

PSYCHÉ ABANDONNÉE

PL. N° 3

(1824). Le marbre n'a jamais été exécuté; le modèle en plâtre est terminé. — Dans l'atelier de Rome.

Psyché, abandonnée par son époux qu'elle a trahi, se livre à la douleur. La main gauche est appuyée sur la lampe; le poignard est caché par la jambe droite.

AMOUR VAINQUEUR

PL. N° 4

(1825). Exécuté en marbre. Acheté par le roi Charles XIV Jean, et placé dans les appartements de la reine-mère. — A Stockholm.

L'artiste a voulu donner une idée de la toute-puissance de l'Amour, en mettant dans ses mains l'épée du dieu de la guerre.

AMOUR A LA COQUILLE

PL. N° 5

(1826). Exécuté en marbre. Appartient à M. Casimir Leconte. — A Paris.

L'Amour triomphe sur l'élément même qui a donné naissance à sa mère.

Une répétition de cette figure a été faite en 1836, pour M. le secrétaire du roi Bjorkman. — En Suède.

PARIS

PL. N° 6

(1827). Exécuté en marbre. Chez M. le baron Tamm. — Au château d'Österby (Suède).

Pâris a rendu le jugement source de tant de malheurs; il offre la pomme à Vénus.

MERCURE

PL. N° 7

(1827). Exécuté en marbre, pour M. le comte de Bonde. — Au château de Säftaholm (Suède).

Mercure a endormi Argus au son d'une flûte double. S'apercevant que son artifice a réussi, il porte la main au glaive qui doit trancher les jours du gardien d'Io.

ODIN

PL. N° 8

(1831). Exécuté en marbre sur la commande et d'après les conseils du roi Charles XIV Jean. — Au musée de Stockholm.

Odin est le Jupiter de l'Olympe scandinave. C'est, dit la tradition, le père des Dieux et des hommes; il préside aux combats; il est la source de la suprême sagesse. Le moment choisi par l'artiste est celui où Odin, du haut d'une montagne, contemple la Suède et réfléchit sur ses destinées. — (Mythologie scandinave.)

Un buste en marbre de cette importante production a été donné par Fogelberg à la ville de Gothembourg. Il est placé dans la salle de la Bourse.

CHARLES XIII

PL. N° 9

(1832). Exécuté en marbre. — Appartient au roi de Suède, mais n'a pas encore reçu sa destination définitive.

Charles XIII, né en 1758, est mort en 1818.

Frère de Gustave III, duc de Sudermanie et tuteur de Gustave IV, il fut élu roi après la révolution de 1809, et, n'ayant point d'enfants, il adopta le maréchal Bernadotte pour son héritier, sur le vœu unanime des États généraux.

Il eut à traverser les circonstances les plus difficiles, mais il triompha des obstacles à force de prudence et d'énergie, et monta sur le trône en philosophe qui se dévoue au bien de son pays, plutôt qu'en ambitieux qui recherche le pouvoir.

C'est ce mélange de qualités qui s'excluent ordinairement, que l'artiste a cherché à retracer dans les traits et l'attitude de la statue.

GUSTAVE-ADOLPHE

PL. N° 10

(1833). Deux esquisses en plâtre. — Dans l'atelier de Rome.

La représentation du héros de la guerre de trente ans a longtemps absorbé les méditations de Fogelberg; il a essayé d'un grand nombre de compositions avant de fixer ses idées; en voici deux de style et d'attitude différents. Celle où Gustave-Adolphe est représenté debout et étendant la main droite, décèle déjà la pensée qui finira par prévaloir.

MÊME SUJET

PL. N° 11

(1833). Esquisse en plâtre. — Dans l'atelier de Rome.

Ici la composition est plus étudiée et plus ornée que dans la précédente planche; toutefois l'auteur ne persistera pas dans l'idée de représenter assis ce monarque, qui ne connut pas le repos.

On a pensé que cette esquisse avait été suggérée par l'intention de faire une autre statue destinée à être placée dans l'intérieur d'un palais ou d'un hôtel de ville. L'attitude calme et les attributs du triomphe auraient alors fait allusion à la glorieuse conclusion de la guerre de Pologne (1628), et aux encouragements donnés à la littérature et aux arts. La figure, dans ce cas, aurait été exécutée en marbre, ainsi qu'on peut l'inférer d'une lettre de Fogelberg.

PSYCHÉ ET L'AMOUR

PL. N° 12

(1833 à 1838). Esquisse en plâtre. — Dans l'atelier de Rome.

Psyché, déjà séduite par les discours de son époux inconnu, sent le contact de ses lèvres et frémit à la fois de plaisir et d'étonnement. C'est ce double effet, si souvent reproduit par l'art antique, que l'on retrouve dans ce groupe que Fogelberg appelait lui-même : *Le premier baiser*. Toutefois, l'exécution est peu avancée. Les bras, entre autres choses, sont à peine indiqués.

HÉBÉ
PL. N° 43

(1835 à 1838). Modèle en plâtre. — Dans l'atelier de Rome.

La déesse de la Jeunesse verse le nectar aux célestes convives.

Le marbre devait être exécuté par M. Luigi Roversi, l'élève de Fogelberg, qui se faisait déjà un plaisir de diriger lui-même le ciseau du compagnon de ses travaux.

BAIGNEUSE
PL N° 44

(1835 à 1838). Modèle en plâtre. — Dans l'atelier de Rome.

Une jeune fille sort du bain et s'essuie le pied droit; l'autre est rechaussé, et le bras droit est déjà passé dans la tunique. On s'est demandé quelquefois si cette naïve figure n'indiquait pas plutôt le contraire, c'est-à-dire, l'entrée au bain. Il est certain que l'action, quel que soit le mérite de l'ouvrage, pourrait être plus clairement caractérisée.

VÉNUS ENTRANT AU BAIN
PL. N° 45

(1835 à 1838). Modèle en plâtre. — Dans l'atelier de Rome.

Ici, il n'y a pas d'équivoque. La puissance et la perfection de la beauté, la richesse des ajustements, la précision du geste, tout dit que c'est Vénus qui, se préparant à entrer au bain, se sépare de son dernier vêtement.

GUERRIER DÉFENDANT SON DRAPEAU
PL. N° 46

(1835 à 1838). Modèle en plâtre. — Dans l'atelier de Rome.

Personnage inconnu. M. Roversi, qui a assisté à la création de cette figure et en a dirigé le moulage, n'a jamais entendu dire à Fogelberg qu'il ait eu en vue un personnage historique.

ACHILLE BLESSÉ
PL. N° 47

(1835 à 1838). Modèle en plâtre. — Dans l'atelier de Rome.

Achille vient d'être blessé par Pâris. L'expression de douleur répandue sur le visage du héros, la main qui s'étend vers le talon, indiquent trop clairement le sujet de la composition pour qu'il soit utile de pousser plus loin l'analyse.

GUSTAVE WASA
PL. N° 48

(1835 à 1838). Deux esquisses en plâtre. — Dans l'atelier de Rome.

Un sentiment de noble ambition, celui de retracer les images des grands hommes de la Suède, a occupé une large part dans la vie de l'artiste.

Voici deux esquisses de Gustave Wasa qui peuvent donner une idée de la manière dont il comprenait la reproduction des traits et de la majestueuse prestance du libérateur de son pays.

LE ROI CHARLES XIV JEAN
PL. N° 49

(1835 à 1838). Buste en bronze. — A l'Université d'Upsal.

Ce buste est revêtu d'une couche de bronze par le procédé galvanoplastique.

APOLLON CITHARÈDE
PL. N° 20

(1839). Exécuté en marbre. — Musée de Stockholm.

Apollon est ici représenté comme Dieu de la Poésie. Il chante ses vers en s'accompagnant de la lyre ; ses regards élevés vers le ciel indiquent que les habitants de l'Olympe sont ses auditeurs.

VÉNUS VICTORIÉUSE ET L'AMOUR
PL. N° 21

(1839). Exécuté en marbre. — Musée de Stockholm.

Vénus a triomphé de ses rivales. Elle contemple avec une orgueilleuse satisfaction le signe de sa victoire, dont l'Amour enfant ne se préoccupe que comme d'un simple amusement.

VÉNUS VICTORIEUSE
PL, N° 22

(1839). Exécuté en marbre. Chez M. le baron Tamm. — Au château d'Österby.

On voit ici que le triomphe de Vénus est certain, mais elle n'est pas encore en possession de la pomme ; c'est pour cela qu'elle étend la main, afin de la recevoir.

Cette action est d'autant plus naturelle, que cette figure a été commandée par M. le baron Tamm pour faire pendant au Pâris gravé sous le N° 6.

THOR COMBATTANT LE SERPENT DE MIDGARD
PL. N° 23

(1840). Esquisse. — Dans l'atelier de Rome.

Jordmungand, le serpent de Midgard, né, ainsi que le loup Fenris et Héla, déesse de la Mort, de Loke, le dieu du Mal, commence à prendre des proportions effrayantes. Odin envoie à Jotunheim, pour le combattre, son fils Thor, qui parvient en effet à dompter le monstre ; Odin décide qu'il sera enseveli dans la mer et s'enroulera autour de la terre jusqu'à l'époque de Ragnaroecker, la fin du monde. (Mythol. scandinave.)

L'artiste n'a ici représenté qu'un des épisodes de la carrière mythologique de Thor ; il a donc eu raison d'en ajourner l'exécution et de s'en tenir provisoirement à l'esquisse dont nous donnons un simple trait, puisqu'il s'agissait, avant tout, de créer un type. Il fallait, pour atteindre le but, donner du personnage une idée générale prise dans l'ensemble de sa nature et de ses attributions, et non une idée restreinte à un fait particulier.

THOR
PL. N° 24

(1842). Exécuté en marbre. — Musée de Stockholm.

Thor, fils aîné d'Odin, est le dieu spécial de la foudre et des combats. Il exécute les arrêts de son père, quoiqu'il agisse souvent pour son propre compte.

Il est vêtu d'une peau de loup ; ses pieds sont chaussés de peau de renne, ses mains garnies de gantelets de fer aimanté, et ses reins entourés d'une ceinture magique qui double sa force au besoin. Son arme est un marteau dans les angles duquel s'allume la foudre, et qui, après avoir été lancé, revient de lui-même se placer dans la main, attiré par la vertu de l'aimant. (Mythol. scandinave.)

Thor est ici représenté dans le repos qui suit ou précède l'action violente inhérente à sa nature. On comprend que sa force est irrésistible ; dès lors, il était inutile d'en limiter l'emploi à une circonstance déterminée, et il n'y avait qu'à s'occuper de la création du type d'après une donnée générale.

BALDER
PL. N° 25

(1842). Exécuté en marbre. — Musée de Stockholm.

Balder, second fils d'Odin, doit être le dieu de la lumière, de la beauté, de la mansuétude ; toutefois, le destin l'a condamné à mourir jeune, malgré ses aimables qualités. Frigga, sa mère, va donc supplier successivement toutes les créatures, animées ou non, d'épargner les jours de son fils chéri; mais elle a malheureusement oublié de s'adresser au gui du chêne, et Loke, le dieu du mal, en profite pour fabriquer d'une tige de cette humble plante, une flèche qui fera échouer les précautions de Frigga. Les dieux, rassemblés dans Valhalla, l'Olympe scandinave, essaient en vain contre Balder les armes, le poison et tous les autres moyens de destruction. L'épreuve va être complète lorsque Loke met sa flèche aux mains de Hoeder, aveugle et troisième fils d'Odin, et l'engage à la lancer contre son frère, afin de lui donner une preuve de confiance et d'intérêt. La flèche tranche les jours du dieu de la beauté, qui descend dans le sombre séjour d'Héla, déesse de la mort, et Loke, en punition de sa perfidie, est attaché au-dessous d'un rocher du haut duquel un serpent doit laisser couler, jusqu'à la fin du monde, son venin sur le visage du coupable. (Mythologie scandinave.)

Le moment choisi par l'artiste est celui où Balder tente l'épreuve suprême, avec une sérénité et une résignation qui laissent néanmoins percer une certaine appréhension du sort qui lui est réservé.

GUSTAVE ADOLPHE

PL. N° 26

(1849). Exécuté en bronze. — Sur la place du marché, à Gothembourg.

Gustave II, ou Gustave-Adolphe, le Grand, né en 1594, tué à la bataille de Lutzen en 1632.

C'est un des plus nobles caractères de l'histoire de Suède, où il brille non-seulement comme guerrier, mais comme politique et administrateur.

Il est ici représenté comme fondateur de la ville de Gothembourg, dont il semble désigner l'emplacement et qui lui a érigé ce monument.

Le piédestal et les candélabres sont aussi exécutés sur les dessins de Fogelberg; c'est pour cela que nous en donnons un trait.

GUSTAVE-ADOLPHE MOURANT DANS LES BRAS DE LA VICTOIRE

PL. N° 27

(1850). Esquisse. — Dans l'atelier de Rome.

Nous avons conservé le titre que donnait Fogelberg à sa composition. Toutefois, la figure de la Victoire nous paraîtrait mieux caractérisée sous le nom de génie protecteur de la Suède, dont il porte la bannière.

LE ROI RÉGNANT, S. M. OSCAR IER

PL. N° 28

(1851). Esquisse terminée. — Dans l'atelier de Rome.

Le roi est représenté revêtu du manteau royal.

CHARLES XII

PL. N° 29

(1851). Esquisse terminée. — Dans l'atelier de Rome.

Le roi est représenté très-jeune et dans une attitude toute militaire. L'artiste a voulu, peut-être, indiquer le moment où son héros, entendant pour la première fois le sifflement des balles, déclarait que ce serait désormais sa seule musique.

CHARLES IX

PL. N° 30

(1851). Esquisse. — Dans l'atelier de Rome.

Charles IX, roi de Suède, né en 1550, mort en 1611. Troisième fils de Gustave Wasa. Il fut le père de Gustave-Adolphe.

Le sceptre, placé dans la main gauche, indique positivement un souverain, mais est-ce bien Charles IX que l'artiste a voulu représenter? Des doutes s'élèvent à cet égard.

CHARLES XI

PL. N° 31

(1851). Esquisse. — Dans l'atelier de Rome.

— Charles XI, né en 1655, mort en 1697.

Fils de Charles X et père de Charles XII, auquel il laissa un royaume florissant et un trésor considérable. Il fut un des rois les plus distingués de la Suède. La pensée de l'artiste est encore ici restée douteuse.

PERSONNAGE INCONNU

PL. N° 32

(1851). Esquisse. — Dans l'atelier de Rome.

C'est évidemment un grand personnage que l'artiste a eu en vue. Mais, est-ce un roi? Le manteau l'indiquerait, l'absence du sceptre pourrait faire penser le contraire; aucune des personnes consultées en Suède n'a pu nous fixer à cet égard, et l'artiste est mort avec son secret.

M. ANKARSWAERDT

PL. N° 33

(1823). Buste en marbre. — A Stockholm.

M. Ankarswaerdt, dont nous donnons le buste, est intendant général des bâtiments et président de l'Académie des Beaux-Arts de Stockholm.

NILS DE ROSENSTEIN

PL. N° 34

(1827). Buste en marbre. — A Stockholm.

Nils de Rosenstein, né à Upsal, en 1752, mort en 1823, se fit un nom en Suède, comme littérateur, orateur et diplomate. Gustave III, qui l'estimait particulièrement, l'emmena en Italie, puis l'attacha à la mission diplomatique de Paris, où il se lia avec Buffon, Marmontel, Helvétius, Franklin, d'Alembert, dont il a donné une biographie, et d'autres hommes célèbres. Il était secrétaire perpétuel de l'Académie suédoise, qui a placé son buste dans le lieu de ses séances. L'élévation de son caractère égalait ses talents.

M. NYSTRÖM

PL. N° 35

(1823). Buste en plâtre. — Dans l'atelier de Rome.

M. Nyström, architecte, secrétaire perpétuel de l'Académie des Beaux-Arts, fut le compagnon de Fogelberg, lorsque celui-ci quitta la France pour aller s'établir à Rome.

BIRGER-JARL

PL. N° 36

(1853). Exécuté en bronze. — Sur la place du Riddarholm à Stockholm.

Né en 1210. Mort en 1266.

Régent de Suède et fondateur de Stockholm, le Jarl Birger est un des personnages les plus illustres de l'histoire de son pays. Il ne chercha pas à se faire couronner et se contenta du titre de Jarl, qui répondait à peu près à celui de maire du palais, sous nos rois de la première race. Ses fils régnèrent après lui et formèrent la dynastie des Folkunges.

Le Jarl Birger est représenté dans le costume du temps et l'attitude calme et réfléchie qui convient au fondateur d'une grande cité.

LE ROI CHARLES XIV (JEAN)

PL. N° 37

(1853). Statue équestre, exécutée en bronze. — Sur la place Charles-Jean, entre les écluses, à Stockholm.

Jean-Baptiste-Jules Bernadotte, maréchal de l'empire français et prince de Ponte-Corvo, né en 1764, mort en 1844, a été appelé en Suède, comme héritier du roi Charles XIII, sur sa double et brillante réputation de capitaine et d'administrateur. Il fut proclamé prince royal en 1810, et succéda à son père adoptif, en 1818, sous le nom de Charles XIV Jean.

Il est représenté monté sur un cheval d'une allure à la fois vive et réglée; la main droite est étendue et tient le bâton de commandement. L'ensemble de la composition paraît indiquer que l'artiste a voulu donner l'idée des diverses qualités d'un monarque qui tiendra dans l'histoire une place importante.

Le piédestal a été construit sur les dessins de Fogelberg.

L'inscription visible rappelle que le monument est dû à la piété filiale du roi régnant. On la traduit ainsi en français :

AU

ROI CHARLES XIV JEAN

PÈRE DES PEUPLES FRÈRES

PAR

OSCAR Ier

1854

MONUMENT FUNÉRAIRE

PL. N° 38

(1853). Esquisse. — Dans l'atelier de Rome.

Il ne s'agit ici que d'un simple projet dont l'exécution n'a probablement jamais été discutée. L'artiste a voulu donner une preuve de sa profonde sympathie pour un jeune prince que la nature avait doué de rarés qualités.

Le monument est conçu entièrement dans le style de la renaissance, et l'ornementation est évidemment empruntée aux admirables stucs qui décorent les loges de Raphaël au Vatican.

Le bas-relief représentant le Christ, qui reçoit l'âme séparée, avant l'âge, de son enveloppe terrestre, et l'accueille aux sons des accords plaintifs de deux anges, fait allusion au talent distingué du duc d'Upland pour la composition musicale.

PSYCHÉ ET L'AMOUR

PL. N°s-39

(1854). Modèle en plâtre. — Dans l'atelier de Rome.

L'Amour a pardonné ; Psyché, ivre de joie, enlace son jeune époux de ses deux bras et lui prodigue les plus tendres caresses. L'Amour sourit complaisamment, et, s'il se montre encore un peu réservé, on voit qu'il ne tardera pas à oublier complétement tous ses griefs et à partager les transports qu'il fait naître.

ERRATA

COMITÉ DE PATRONAGE.

Bodinier, peintre d'histoire. *Omis*.

Roger, deintre, *lisez* : peintre.

NOTICE BIOGRAPHIQUE.

Page 23. Baron Thamm, *lisez* : Tamm.

PLANCHES AVEC LA LETTRE.

N° 20. Apollon Citharide, *lisez* : Citharède.

22. Vénus à la pomme, *lisez* : Victorieuse.

31. Gustave Adolphe, *lisez* : Charles XI.

36. Birger Jart, *lisez* : Jarl.

L'ŒUVRE DE FOGELBERG

HOMMAGE RENDU A SA MÉMOIRE
PAR LES ARTISTES LITTÉRATEURS ET AMATEURS
FRANÇAIS
QUI ONT AIMÉ SA PERSONNE
ET
ADMIRÉ SON TALENT

DÉDIE
A
S. M. OSCAR Ier
ROI DE SUÈDE ET DE NORWÈGE

PARIS 1855

Courtépée inv.

Normand ainé sculp.

A. Houbel Paris

VOGELBERG.

AMOUR VAINQUEUR

AMOUR À LA COQUILLE

PARIS

MERCURE

ODIN

CHARLES XII.

Imp. Drivault, Rogeau rue de Saint-André-des-Arts, Paris.

GUSTAVE-ADOLPHE

GUSTAVE ADOLPHE

GUSTAVE ADOLPHE

PSYCHÉ & L'AMOUR

(1ᵉʳ baiser)

HÉBÉ

BAIGNEUSE

VÉNUS ENTRANT AU BAIN

GUERRIER
défendant son Drapeau

Imp. Bequet et Rigaud, 5 et 7, Bd St-Sébastien, à Paris.

GUERRIER

défendant son Drapeau

Imp. Lemercier et Cie, r. de Seine, 57, Paris

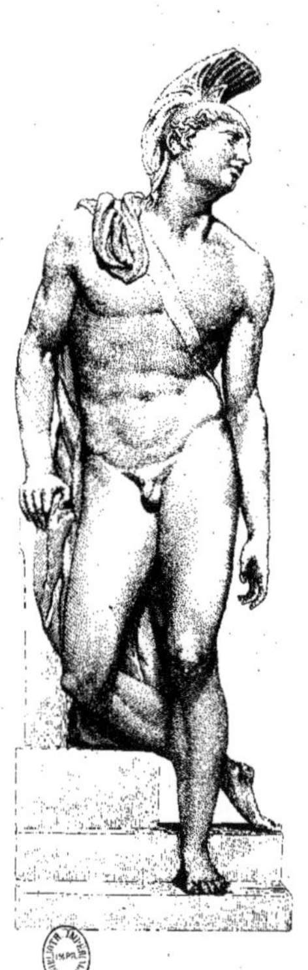

ACHILLE BLESSÉ

GUSTAVE WASA

GUSTAVE WASA

CHARLES XIV JEAN

APOLLON CITHARÈDE.

VÉNUS ET L'AMOUR

VÉNUS A LA POMME

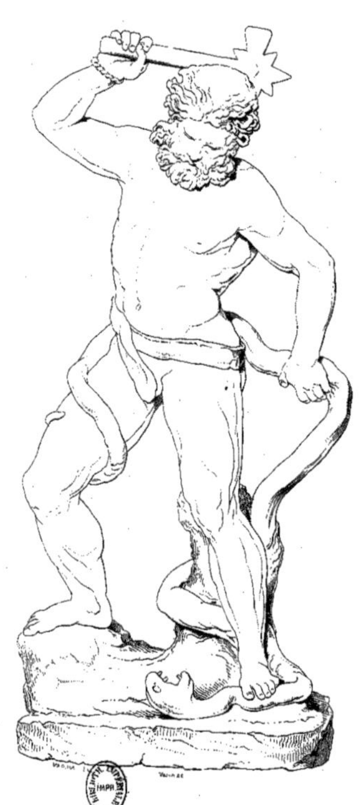

THOR

THOR

BALDER

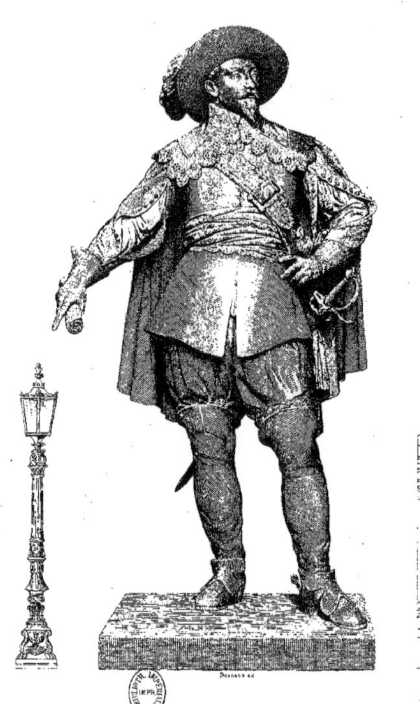

GUSTAVE ADOLPHE

GUSTAVE ADOLPHE

Mourant dans les bras de la Victoire

Imp. Gilquin et Dupain, r. de la Calandre 29, Paris

OSCAR I

CHARLES XII

GUSTAVE ADOLPHE

CHARLES IX

PERSONNAGE INCONNU

ANKARSWALRDT

Imp. Béquet et Dupuis e de la Calandre 19 Paris

NYSTRÖM

NILS DS ROSSNSTEIN

BIRGER JARL

CARL XIV JOHAN
BRÖDRAFOLKENS FADER
AF
OSCAR I
1854

PROJET DE MONUMENT FUNÉRAIRE À ÉLEVER À LA MÉMOIRE DU PRINCE
GUSTAVE DUC D'UPLAND

PSYCHÉ ET L'AMOUR

9 782014 038163